青春是长河奔流的风帆

《中学生博览》杂志社 选编

时代文藝出版社

图书在版编目（CIP）数据

青春是长河奔流的风帆 /《中学生博览》杂志社选编. — 长春：时代文艺出版社，2021.3

（青少年校园美文精品集萃丛书. 青春伴读系列）

ISBN 978-7-5387-6308-9

Ⅰ. ①青… Ⅱ. ①中… Ⅲ. ①作文－中学－选集 Ⅳ. ①H194.5

中国版本图书馆CIP数据核字（2021）第007392号

出 品 人　陈　琛

产品总监　邓淑杰

责任编辑　焦　瑛

装帧设计　孙　利

排版制作　隋淑凤

青春是长河奔流的风帆

《中学生博览》杂志社　选编

出版发行 / 时代文艺出版社

地址 / 长春市福祉大路5788号　龙腾国际大厦A座15层　邮编 / 130118

总编办 / 0431-81629751　发行部 / 0431-81629755　北京开发部 / 010-63108163

官方微博 / weibo.com / tlapress　天猫旗舰店 / sdwycbsgf.tmall.com

印刷 / 三河市嵩川印刷有限公司

开本 / 880mm×1230mm　1 / 32　字数 / 135千字　印张 / 7

版次 / 2021年3月第1版　印次 / 2021年3月第1次印刷　定价 / 36.00元

图书如有印装错误　请寄回印厂调换

编 委 会

Contents

目 录

山风和云海，不曾相爱

时光的河，入海流

青春是长河奔流的风帆

埋在时光隧道里的年少

捧一盏烛，若还未迟

故事与你，梦想与我

山风和云海，不曾相爱

飘在异乡的雪，覆盖了黑夜

夏南年

1. 有的地方，终会来到

午后的日光灿烂倾城，窝在沙发里抱着平板煲剧，无意中看到广丽姐发来微信，"来编辑部有什么感想，写个侧记"，之后的电视剧再也没有耐心看下去。

一直没写，是因为寥寥数语总觉得会束缚了情绪，太多描绘又觉得矫情，地标长春的编辑部小楼，在望见它的那一刻，就像生命中的刺青记忆。

其实半年前高考完的时候，就心血来潮计划了行程。后来终究没有起程，秋天的时候和洪夜宸无意中聊起，立刻约好冬天一起来长春。

期末的时候第一次抢春运车票，第二天终于抢到后，整个晚自习间微信一直被洪夜宸轰炸，她全家人一起出动阻挡她一个南方姑娘去零下二十度的地方。

我退掉了她的票，随之而来的是身边许多人的阻挡。"她都不去了，那里冰天雪地的，又赶春运，你一个人也别去了。"我直截了当地说，除夕前一定要去。

其实我知道，那么远的路途没有人做伴，又挤在迫切回家的人群中，这次绝对不是最好的时机，可是我已经想了半年了，不来我一定会后悔，又要再挂念两个季节，反正我很清楚，有的地方我一定会去。

坐了整整二十个小时的硬座，终于吹上了第一阵长春的风，意外的没有想象中的冷，坐专车（广丽姐给定的神州专车）直奔编辑部。

去那么远的地方只背了一个日常的书包。除去我讨厌箱子的笨重外，来长春之前我的确没有做太多的准备，也没有外出的感觉，《中学生博览》很轻易就给我亲昵的感觉，不用准备太多，也不用顾及旅途是否疲惫，仿佛前方到站是回家，理所应当有人为我接风洗尘。

2. 1月17日

我至今清楚地记得，1月17日的下午，我晕乎乎地下了专车，茫然地望着四周，再抬头就看到广丽姐在编辑部的牌子下面冲我摆手。

　　我兴致勃勃地跑上楼，没进到办公室就被一个编辑拉住了，还没缓过神的我傻乎乎地听她说："你来啦！"知道她是春艳姐的那一瞬间惊讶夹杂着开心，说不出话来。

　　直到被领着一个屋一个屋地见编辑，才突然发觉心怦怦直跳，已经很久没有过这种见到一直知晓却素未谋面的人时突然紧张起来的感觉了，每推开一扇门，就像收获了一份礼物，打开时期待又忐忑。

　　晚上被领去吃饭，听编辑们聊八卦听得津津有味，于是不知不觉只吃了很少的菜，喝了好多杯加冰的啤酒，尔后忘了哪个编辑说难得我来，我们去看场电影吧。

　　走了短短一段路头发就结起了细碎的霜，到了电影院暖气忽然而至，广丽姐又买了一小堆哈根达斯分给大家，于是兴奋点持续高涨，第一次近三十小时没休息仍旧没有困意。

　　深夜近十一点的时候，从喧嚣的人群中坐上车，觉得世界突然归于平静。边跟广丽姐聊天边打开手机，看到我爸给我发来消息，"别喝酒，晚上住在哪个旅店？"我偷笑，回复说编辑给我安排好了，剩下的我什么都不知道。

　　尔后关上手机望着窗外的霓虹闪烁，这几年来难得觉得安心，那种对于第二日没有计划，连下一秒会到达哪里都不清楚，却可以彻底放松下来的安稳，我突然在心里想，这就是我心心念念的长春，因为投稿两年多的杂志编辑部在这里，所以我还是千里迢迢地跑来了。

3．1月18日

18日，睡到很晚，醒来时拉开窗帘，南方几乎不见的满目洁白突然映入眼帘。跑去编辑部，语嫣姐带着我见亮叔，总编比想象中有趣很多，可是慢热的我还是突然紧张到不行。

吹着冷风走去长春最热闹的街，蹭了语嫣姐一顿烤肉。然后我们都不知道该去哪儿，就去亮叔推荐的地方吧。语嫣姐想了一下，掏出手机查了导航，最后还是选择带着我到路边打车。我无比兴奋地坐上出租车，终于又遇到了和我一样在生活了很多年的地方却找不到路的人。

午后去南湖公园溜达，不是日落时分，却无意间看到了如同日落般最美的冰面倒映着日光的景象，慌忙用手机拍下来。拍不出原汁原味的模样，却仍旧壮观，然后目瞪口呆又吃力地蹬着冰上自行车看广丽姐骑得飞快。

那天也是第一次在饭桌上正儿八经地说敬酒词。从《作文与考试》的禹主编开始，接着每个编辑说敬酒词。每个编辑都提起来编辑部最开始时的故事，暖橘色的灯光、铁锅炖袅袅的雾气，都和满屋的气氛一样恰到好处，有种情至深处的感动，没理由不相信她们敞开了心扉。

很多年前我还是个上课时因为在草稿本上写字被老师百般嘲讽的小姑娘，那时候无论如何都想不到，十八岁的

山风和云海，不曾相爱

时候，会背包去遥远的地方，被一群这两年让我生活改变巨大，并且大概会影响我一生的杂志编辑带着穿梭冰天雪地的大街小巷，然后坐在温热的桌边安心地吃一顿晚餐，听听她们平日里不会表达的心里话。

于是轮到我说敬酒词的时候我只知道语无伦次地说："觉得你们这样很好啊，这样特别好。"放下酒杯的时候后知后觉地想起还有好多话都忘了说。

《中学生博览》带给我的，远远不止这异乡的一份感动。

4. 飘在异乡的雪，覆盖了黑夜

我的写作启蒙其实是儿童文学，后来写青春多于童话，是因为《中学生博览》。

记忆中看的第一本《中学生博览》是表姐订的，那时候我妈就只允许我学习，只有大姨偷偷给我带杂志、买杂志，那本《中学生博览》里就有好多篇令我念念不忘的文章，可惜后来我上了初中，一直没有见过《中学生博览》。

时至今日我仍旧相信缘分，人与人之间的以及人与一件事物之间，直到高一快要结束的时候，我照例在学校对面的过期刊物摊子上胡乱地翻，一把抓起两本《中学生博览》，加起来只要四块钱。我毫不犹豫地买了。

仿佛是有天助，看着《中学生博览》里青涩温婉的文字，总觉得像一颗颗珍珠在闪烁，忍不住把这几年心爱却不知道该投往何处的文挑出来投到编辑的邮箱里，意外地通过了。

于是第一次给当时心爱的男生写文是发表在《中学生博览》上，然后包在信封里送给他，也包裹了一小段青春明媚的时光；第一次惦念一个人，也大胆地借着《中学生博览》表达；第一次收到自称小粉丝的读者的消息……

再后来，每个月都会写很多文字投到《中学生博览》的邮箱里，像在完成一场仪式，又像是早已成了读书、旅行般与生活密不可分也习以为常的事情。所幸不论能发表多少文字，《中学生博览》带给我的感动都数不胜数。

去年年初艺考时找洪夜宸蹭住，领略了学霸的考试日常；夏天跑去巧笑情兮家睡她的大软床，习惯熬夜的我清晨五点蒙眬地被她叫醒，她说"家里钥匙留给你"，然后放心地在项目上忙，两天没回来；和大部分人一样被我的外表蒙骗觉得我又安静又乖的骆阳；主动在武汉收留了我好多天，特别怕冷还让我分走了一床被子的倩倩猪；又热情又好的宇寒哥；还有带我走去松花江看了日落，在餐桌上突然翻出本子让我签名的小姑娘简墨绿……

与其说我天南海北都敢跑，倒不如说好多地方，我敢一个人抵达，是因为有同写《中学生博览》的许多人在，他们又热情又美好，让我哪怕是独自走在异乡的街头，心

山风和云海，不曾相爱

里也依旧存留一份勇气，觉得总有个依靠。

　　而此刻夜已至深，音响里赵雷的民谣，划破思绪一角，正好听到这个我最爱的歌手唱道："我多想和时光一样潇洒地离开，我没能……我没能。"

　　飘在异乡的雪，覆盖了黑夜，像一盏明亮的灯。而这束灯光，大概也会长存在我的记忆中，和《中学生博览》一样陪伴我许多许多年，从曾经，到以后。

我想再见蒲公英

秋桐落

有一个女孩子，我已经忘了她的名字，抑或是那时太年轻，从来没把她的名字放在心上。以至于她从我的世界消失后，我竟找不到任何一丝有关她的消息。

她来自哪里？我不知道。

她现在在哪里？我也不知道。

未来我们还有没有可能遇见？我更不知道。

就算哪天我们在路上面对面撞见，我们也不会认得出彼此吧。

也许，她早就忘了我了。

这所我们一起待过的中学对她来说，只是飘零人生的一个小小站点。我们在一起的时光，短暂又匆匆，连让我们记住对方的名字都不够。

我只知道，大我几岁的她比我高出半个头，但我们是同级生。她跟随父亲辗转于各个城市，过够被孤立的日子，看够别人异样的目光，也渐渐习惯了背井离乡。她的故事是年幼无知的我不会明白的苦痛，我不曾察觉她自嘲的嘴角悲伤有那么浓，她坚强地背负一切，面对不会有朋友的教室和操场，面对不会有父亲身影的校门口。

相比之下，我就矫情多了。与父母一言不合就嘟嘴撒娇，爷爷奶奶说几句我就撒泼哭闹。只有在学校里，我才会收敛几分，把涌上来的情绪全往肚子里吞。

不过，一旦情绪一下子没控制住，就会决堤，进而崩溃。那节体育课，她就那么倒霉撞在了我的枪口上。

中学的体育课是同学们仅剩的可供玩闹的天堂，却也是我这个体弱多病、骨瘦如柴的家伙的地狱。那天是两两配对玩互背游戏，一看她那硕大的块头和健壮的体格，我坚决不和她配对，老师来劝也没用，又没有人愿意来交换，委屈的我一下子把气全撒了出来。

我号啕大哭，哭得她不知所措。别的组都在哨声响后背着同伴出发了，唯独我们还没有碰到起跑线。她先在原地等了我一阵儿，最后半哄半骗让我骑到她的背上。

她跑起来很快，风一下吹开了我额前的碎发；她也跑得很稳，我竟完全不担心会摔下来。赶上队伍时，我终于咧开嘴笑了。

她可以说是飞速到达标志杆，接下来就是我们交换位置，我需要背着她绕杆后跑回起点。但她对我来说就像是一个秤砣，只听她小心翼翼地说了一句"我上来了"，而我半秒钟就被压垮在地了。

我们不可能赢了，她刚跟其他同学拉开的距离瞬间又被落下了。我们听见远方第一组的欢呼，随后就像蝴蝶效应一样，变成了群体的欢呼。

我又不高兴了，赖在地上，不起来。

"我……我想……你，我能不能……"她忽然支支吾吾的。

"你要说什么呀？"我一脸茫然，锁起的眉头间还带着点儿对她的嫌弃。

"我想你能不能再让我背一次？"她用急促的声音不确定地喊了出来。

我对上她忽然悲伤的眼睛，想着你想背就背吧，于是随意地点点头。

这回她是慢慢走的。

她说，谢谢你。

她说，这是她第一次背一个城里的女孩子。

她说，她好开心，她好开心好开心。

我当时还嘲笑她幼稚，现在想起却觉得鼻头泛酸。

她是那么善良，那么脆弱，那么容易满足。她又是那么勇敢，那么乐观，敢主动说出自己的渴望，即使那渴望那么搞笑，那么让人摸不着头脑，那么微不足道。

她在那节体育课后没多久就又转学了。

山风和云海，不曾相爱

可是她在这短短的时光里，为班级拿下了几面卫生小红旗，她在哪里都想出一份力，只可惜最后宣传委员还是拒绝了她画板报的请求。那是她憧憬很久了的。

她轻轻地来，悄悄地走，我们没有好好地迎接她，当然也没有来得及正式地送送她，甚至半个月后，几乎谁都已不记得她了。

她就像一场梦，我一直坚信她是真的存在过的，在我生命里。

但我翻遍相册和留言本都找不到她的一丝痕迹，我又不禁开始怀疑。

"我想见你，我好想见你。"

每每听到风雨后的鸟鸣，我总是那么想。风雨多么无情，你就像一朵蒲公英，飘零。

如果我是一朵小花，你能不能再来到我身旁，我们静静地靠在一起，享受温暖的阳光。这一次，我想我一定会比那时更懂你，如果可以，我还想抱抱你。

我有所念人，隔在远远乡

苏　意

从 前 从 前

"你好。"

"哪位？"

一段故事是怎样开始的？便是这样。

骆琪收到这条消息是在2012年的暑假，外头阳光大盛，蝉声聒噪，她趴在桌上写卷子。高一的卷子，并不会太难，她做得有些意兴阑珊。

彼时微信时代尚未到来，智能手机也还没成为街头机，腾讯QQ的热潮方兴未艾，这个年龄的学生们几乎人手一个，处Q友、处笔友，关系都还非常纯粹，在蛛网般的网络里占据很大一块城池。

山风和云海，不曾相爱

骆琪看着那串对方发过来的名字，有一点儿印象，似乎是很久以前杂志上的一篇微小说，她在上头留下了自己的QQ，可她从未想到真有人加呀。见她久未回复，那边又追过来一条消息，这回是一张图片，像素非常低，但可以勉强看清楚那是她曾写下的文字以及署名。

这种感觉有点儿奇妙，明明素昧平生，却因为某个途径而相识。

"你有什么事情吗？"

"并没有，只是想认识一下。"话的语感有一点儿不羁，很随意。

骆琪莫名其妙，回了一个"哦"过去。那时类似于这样的语气词还不会伤人。

那么是怎么熟起来的呢？两句话一个契机，便足够了。

那段时间很奇妙，现在回忆起来都还记得当时的一切情绪，从无感到熟悉，从熟悉到忐忑，从忐忑到后怕。一切情绪都切换得十分自如，最终却只停在了后怕。

是真的网友，距离万水千山，今年才中考毕业，比她还小一岁，资料显示是男生。骆琪潜意识里拿他当小弟弟，奈何两个人聊得太投机，无论聊什么都能互相接上话。棋逢对手，大概就是这样。

他们聊学习，聊生活，聊朋友，聊开心了甚至约定一起考进南方的一所重点大学。

骆琪也渐渐发现，对方的聊天方式很特别："中午十二点三十分，父母不在家，自己尝试做饭，忘了放油，成功毁了一口锅。"

"傍晚十八点，在玩魔兽，忽然非常想知道女生玩的话是什么样的体验，感觉你一定不会沉迷，看上去你是一个很有自制力的人。"

"夜里零点四十九分，起来上个厕所，啊，不知道该说什么，来打个卡吧。"

"……"

他常常会发一些即时的状态，告诉骆琪他做过什么，即使她的企鹅是暗着的。于是骆琪只要一登上QQ，就会有一连串消息提示音响起，非常壮观。

本来就是陌路人，在虚拟的网络里有这样的真诚已经足够。骆琪是这么想的。这样的状态大概持续了一年，忘记了是在哪一个时间点，骆琪发现连身边的朋友竟然都开始谈论QQ上那个ID，她才意识到事情不妥了。"你们怎么会认识他？"

朋友齐笑："他加我们的呀，刚加上就开始问你的消息，骆琪，他是不是对你有意思啊？还是你们在网恋？"

看着她们露出的八卦笑容，骆琪只感觉心中蹿起一股无名火，她不喜欢这样的窥探，两个人处在平行时空，了解太多现实元素的东西，就不好玩了。

骆琪没有去找他摊牌，而是用鸵鸟的方式选择了逃避，一连几天，她咬着牙，没有上QQ。

可最终还是没有逃过去，有一天她突然收到一份快递，爸爸交给她的时候还在追问："从广东大老远寄过来的，是谁？"

骆琪在看到那两个字的时候心里同样"咯噔"一下，三下五除二拆掉快递，里面赫然躺着包装精致的巧克力，她对这个牌子有一点儿印象，好像特别贵。

"你有病啊？"骆琪十指飞速在键盘打出这行字，并且毫不犹豫点了发送。

那边还是一如既往地秒回："没病，想要了解你而已。"

换成旁人说出这句话骆琪一定会觉得这人是变态、神经病，事实上骆琪一开始也是这样觉得的，可在下一秒看到对方发过来的图片，骆琪的想法立刻湮灭。

图片显然是用摄像机拍的，像素非常高。一个男生坐在装潢精致的奶茶店，穿着单薄的衬衣，刘海儿覆盖住额头，抬头的瞬间神情微微错愕。

是抓拍。如果不知道他的年龄的话，骆琪一定会以为他是学校里的哪位学长。质问的话一下很没出息地噎在喉咙里。

"我没有别的意思，你看啊，我三观不坏，长得也还可以，无不良嗜好，你要不要考虑一下……和我在一起呢？"

你要不要考虑一下和我在一起呢？类似于这样的话在后来他说了不知多少遍，以各种各样的方式，让骆琪无处可逃。聊到现在，她已经基本知道，他这样一个人，想要讨好一个人是很容易的，朋友们很快举手投降，对于骆琪的事情知无不言。最后他甚至还知道了骆琪的生理期！

"叛徒！"

"哎呀，骆琪，多浪漫的事儿啊，你就答应了呗。"

事实上，在之前骆琪就隐隐感觉，他或许是喜欢自己的。被人喜欢的感觉当然不坏，当他说出来时，她却一点儿都没有惊喜，反而感觉到了压力，除去网络的不现实因素，还得面对那二选一的选项。她最后给出回复："我不想谈远距离恋爱，做朋友吧，我感觉自己还小，你还比我小。"

他隔了很久才回复："不要急着拒绝，你再考虑一下好不好。"

骆琪静默，退出了QQ。

等她再爬上来已经是入秋以后的事情了，那天正好是中秋节，她百无聊赖，于是想起登QQ。也是巧，她一爬上来，便收到这些日子一直销声匿迹的他发来的消息。

"夜晚二十一点三十六，今天是中秋，被朋友拉出来闲逛，公园里有人在卖孔明灯，买了一只。"

附图，黑暗的夜色里，一只载着火焰飘飘荡荡的孔明灯慢慢升起，而镜头里，能很清晰地看见孔明灯上赫然写着骆琪的名字。

骆琪在看清楚图片时，有一瞬间的鼻酸，感动来得猝不及防。

"骆琪，再考虑一下，你要不要答应和我试一试？"

现 在 现 在

"后来呢？你答应了？"室友问。

外头在下雨，骆琪把头靠在窗边，听着淅淅沥沥的雨声，换了个坐姿："嗯，答应了，但是我们只在一起了三天。"

三天是她提出来的时间期限。

那三天里，骆琪清晰地记得他是如何小心翼翼地提出可不可以和她通一次电话，在电话接通时自己的脸是如何火辣辣的烧，烧得脑子发蒙，一点儿也记不起他支支吾吾说了些什么。

三天一过，骆琪看着屏幕上已经非常熟悉的马甲，心跳平稳。她想，果然啊，果然自己是并不喜欢他的。还好还好，一切都来得及。

建立关系的是她，结束关系的也是她。他没有一句多余的话，缄口不言，自觉退回朋友的位置。因为掌握主动权的，一直是她。

关系好像就是在那之后变得尴尬起来，聊得也少了，各自恢复理智。

骆琪现在想起来，还是会在心里觉得弥足珍贵。再也不会有那么一个人，出现得刚刚好，待她珍而重之。会给她发很多消息，给她寄巧克力，在生理期嘱咐她戒冷忌辣，为她放孔明灯……那段时光是很纯粹的，有自己的生活和学习，偶尔登上QQ，看到他乐此不疲发来的消息，会感到琐碎细小的温暖。

就像是小时候爷爷的厨房里，那些一盅盅热烫烫的中药，火炉上中药咕噜咕噜翻滚的声音，细小绵长，一如时光。

室友听完，笑着敲敲桌子："后来你有没有问过他，为什么喜欢你？从未见过，无端地喜欢，虽然旖旎，可还是有一些莫名其妙。"

"问过的。"各自高考，各自上了大学，联系却还是没有断，有重要的决定或者选择时，会第一时间想到对方，不管什么时间以什么样的开场白，都不会觉得突兀。大家都释怀，骆琪也以开玩笑的方式问过这个问题。

他回复得很简单："很久以前的事情，不太记得了。"

他有意逃避，她自然也不好追问。

于是那些动心的瞬间，便只有他一人知晓。

室友一只手撑着额头，一边翻开桌上的书，片刻后忽然抬头，望着正在发呆的骆琪，忽然说："琪琪，其实你很胆小。"

骆琪看着她。

"你说你自己三分钟热度，其实并不是，你是在害怕。"室友露出洞若观火的微笑，摘下骆琪的耳塞，放在自己耳边，里面果然在放被她听烂了的《富士山下》。

陈奕迅嗓音缠绵。

> 谁都只得那双手，靠拥抱亦难任你拥有，要拥有必先懂失去怎接受，曾沿着雪路浪游，为何为好事泪流，谁能凭爱意要富士山私有？……前尘硬化像石头，随缘地抛下便逃走，我绝不罕有，往街里绕过一周，我便化乌有。

歌词字字句句直戳人心，也言中了骆琪最深处的怯懦。

到底是有好感的吧？只是我们好像都有这么一份胆小，还没拥有便怕失去，患得患失无处不在，总是担心自己配不上更好的，因为拥有就是失去的开始。

最终两个人各自上了不同的大学，与曾经约定好的那所重点大学失之交臂。骆琪曾经路过他所在的城市，也想过要不要约他出来见一面。在键盘上打出一行字，最终还是逐字删除。

这样挺好，不远不近，不相逢，难相遇。

长路独往，不负衷肠

怦 怦

一咬牙买了西安草莓音乐节的门票，因为一些事情的不确定一拖再拖，迫不得已到距音乐节举办地点十几公里的地方取票再辗转去音乐节现场。

之前我跟老方说我没钱吃饭了，他怼我："你这没钱吃饭了还去音乐节，是要死的呀？"

可我就是想去。

老方大概知道我想去音乐节有一方面原因是因为他吧？这个人心思细腻到我自愧不如。

对了，老方是我之前表白，给我发好人卡的那一只。

在他不知道我买好票去的时候，我问他："你十三号去不去音乐节？"他说："十三号的票给朋友了，我只去第二天的。"

一瞬间我还挺难过的。

转念一想我最想去音乐节，是因为想听马顿的一首《傲寒》。

舍友陪我一路去取票之后在地铁上分别，我去音乐节，她去找男朋友。分别前给她买了杯冰奶茶聊表心意，我因为身体不适只能忍住喝一切冷饮的欲望，没吃午饭，还买了杯温热的红枣牛奶，笼罩着一层层的绝望啊！

恰巧在现场遇到了另一个独行的学姐。

到现场的时候排队无聊刷了下朋友圈，一个朋友发小视频说尧十三在唱《雨霖铃》，我激动得要疯掉，心里想着还是错过了。进去之后听到了阿肆的《我在人民广场吃炸鸡》，我晃晃悠悠到场地的其他地方，一个帐篷下面有两个大叔给人在手臂上涂鸦。等待的时候，那个学姐走到旁边问我说："你知道在哪里画草莓吗？"我说："我不知道，等会儿可以去找一下。"

心里一动，我问她："姐姐你也是一个人过来的吗？过会儿我们可以一起过去找。"得到了爽快的回应。我就这么找到了同行的伙伴。

到我涂鸦的时候我跟大叔讲："叔叔你帮我写个'怦怦'吧，两个字，就那个怦然心动的'怦'。"

大叔用的橙色充满了活力。在写的时候狡黠一笑往后面轻轻地加了一个小小的心形图案，我心里咆哮大叔太可爱了，开心到爆炸啊。

和偶遇的姐姐一起到各种帐篷下凑热闹，等有喜欢的乐队出场时挤到人潮中一起举起手来呐喊。中间让她帮我拿手机时突然看到什么跑了过去，听到她在后面喊我说："你手机还在我这里啊，你认识我还没一小时呢就把手机这么交给我，小孩子就是太容易相信别人了。"

我"嗒嗒"地跑回去装模作样撒了个娇嗲嗲地说："因为我面对的是你呀！"

现在想想，希望当时没有恶心到小姐姐。

直到分别的时候我也没有问起她的名字。在马頔登上舞台后，实在挤不到前面的我们两个在后面听他唱了第一首歌，我还是很想要到前面去，又不便让她随我抽风挤过去，就跟她讲："姐姐我还是想到前面，就自己走啦，很高兴遇到你啊！"

这场短暂的相遇到这里就结束了，我们慢慢悠悠挤进人潮，都不再相关，心里却是充满了感激。

难过的是，我实在走不到前面，人潮汹涌，我个子再小也没缝可钻。一跺脚，走了出来。在旁边垫了几张纸坐到地上看着前面的屏幕上胖到快没脖子的马頔，怪不得微博评论都调侃"马頔快成马冬野了"。

千呼万唤，等到了《傲寒》。

站起来的力气好像都没了，继续瘫坐在地上拿出手机录音，翻开列表找到老方给他发了一句"すきだよ"，他这个日语比我学得好的人肯定看得懂是"喜欢你呀"。

过了阵子看到他回复的省略号，暗暗损了他两句后回复道："好啦好啦，以后我不讲了"。

其实我还想对他说很多遍喜欢你，想每天都说，想用各种方式表达出来……可正像他说的那样，感情只能顺其自然啊。

不免落寞。

没有听完压轴的谢天笑酷到爆炸的摇滚，就走了出去。

人太多，打不到车，没有出租，没有滴滴。走了很长一段终于有司机师傅肯接我的单子，等待的间隙发微信给远在河北的家人报平安。

司机师傅大概离我太远了，我等了好久他才到。一上车接到老妈的电话，她用特别温柔的语气问我"有没有打到车""吃饭没有""什么时候到学校""有没有人一起"，我一个一个地回答说"不要担心啦我都成年了""很快就到地铁站""按照之前一直走的路线就回了""好着呢，好着呢""现在不饿，回学校再买个吃的"。

一边说一边流泪。

我以为自己天不怕地不怕，可在他们眼里，我永远是个不让人省心的孩子啊！

一瞬间无比贪恋老妈话里的温柔和暖意，想起爷爷讲的"家永远是港湾"。

美好的相遇和身边的温暖都让我感到由衷的幸福啊！

有些求而不得未必是遗憾，对未来抱有期待总是没错的。

不管怎样，长路逡巡独往，不负少年模样。

环绕世界啦

大　马

1

"所以，你们是只有周末才有空吗？"

我握着手机，这会儿有点儿烦他了。我没有时间玩，也不太想玩。实际上，每个周末我都会去两趟图书馆。这次不巧图书馆因故闭馆一周。

子怡开学要考试，依惯例，周末也必定在学校闷头复习。子怡不去，我肯定更乐于在家里躺着。

"不是啊，周末也没有。"朋友熟了，拒绝也不必思量过多，这是我很理想的君子之交。我知道林博是想还我们人情，我和子怡上次请他吃了一顿火锅。

周五满身疲惫地回到家，子怡在洗衣服。此时有人敲门，我走到门前侧耳细听。

"是我。"

林博的声音，再熟悉不过了。我扭开锁，打开门，迎面而来一张灿烂的笑脸。

"这几天都去哪里了，不见踪影的。"我侧身，让他进来。

"我妈生病了，去了一趟广州。"

他戴着白色帽子，穿着简单的短袖和足球裤，在书桌旁的绿色凳子轻轻地坐下。

"阿姨生病了？好点儿了吗？"我有点儿震惊，平日里他妈妈那么爱笑，特别温柔。

"还好，出院了。"

"那就好。"我在心里默默地长舒了一口气。身体健康太重要，往往要等你生一次大病才能彻悟。

"本来想直接回来的，但是站在火车站里，突发奇想买了一张去云南的票，于是耽误了几天。"他笑了笑，摊摊手，把手上拎着的一大包东西递给我，"这是鲜花饼，里面是……玫瑰花瓣。"

"真的啊，云南老字号吗？早有耳闻！"我拿出一小包，仔细观赏。谁都有一颗自由翱翔的心，可惜啊，翅膀还不够硬，胆子还不够大。

子怡晾完衣服，也赶忙跑过来，生怕错过几个亿的红包。

"明天有空吗？要不要我带你们出去玩？"

"有啊！"

曾子怡这家伙，脑子是不是秀逗了？不是要好好复习的吗？林博看了看我，我只好强颜欢笑。

"好久没出去玩儿了，我快要闷坏了。"的确，一整个假期，子怡每天早出晚归地复习，也该放自己一天假。不就浪吗？我……奉陪。至少还预留周日一天给我在梦里天马行空。

2

三人行，林博设计好了游玩路线，交通工具是山地自行车。他说一家西安小吃不错，和舍友光临过好几次。

踏进去，一股古风气息扑面。像极了某个时期的客栈，四方桌子和长条板凳，还有灯笼。深感自己见识短浅，怎么着也在这儿待了两年，还一无所知。

我和子怡找个临窗的位子轻轻坐下来，林博去点餐。服务员尾随我们而到，上了三杯茶。半个钟的车程，整个人蒙上一层灰。此时配上一杯淡茶，浮起一瓢愉悦。无意往外一瞥，窗外天空飘下霏霏细雨，婀娜多姿地笼罩着大地。大树的枝叶喝醉酒似的慢镜头般摇来晃去，冰凉的气息穿过窗户直击而来。

想起黄庭坚的两句诗："薄酒可与忘忧，甘餐不必食肉。"

肉夹馍，小米粥，凉皮。

"这是套餐，十四元，请享用。"林博意味深长地笑了。我们七年级认识，这两年我才捉摸透他的品性。简单来说，他是一个……钱包里有几百块，但只会花十几块钱的心机boy。不是抠门，是深谋远虑。

我举个例子吧。一次他买了情侣套餐电影票，只花了九块九，还赠送一大桶爆米花。他对各种优惠资讯很敏感，起初我嗤之以鼻，如今不得不佩服他一个大男生，还能锻造这种行走江湖的技能。

我心满意足地享用着所有食物。即便坐标在广东，但透过味觉，嗅到了来自西安的古朴气氛。嘈杂平和的人间烟火，痕迹斑斑的城墙，呼啦啦掠过耳旁凉寒的高山大风。

"杨昕贝，很少人能撑得下这个套餐，恭喜你做到了！"

我露出低调的迷之笑容，小菜一碟。

3

"唱K走起！"子怡好不容易盼到了开嗓的时刻。雨势却渐大，奔跑在半路的我们闪进屋檐下，低头玩着手机，或者观赏车来人往。这时候，大脑是放空的，因为你什么都不必思考，只需等雨。

冲进KTV，第一首便是刘若英的《后来》。我瘫坐在沙发上，抓着抱枕，沉醉在子怡的歌声里。音乐和文字一样，魔力非凡。

不过，后来，我实在太困，睡着了。在睡梦中听了这两位大神的演唱会。

"昕贝，我也是服了你了，我和林博无论怎么吼，你都无动于衷，睡得跟猪似的。"子怡抓起桌子上的茶，润润喉咙。

林博走过另一边，扯开帘布，一片光亮涌入。落地窗外是江边！我立即清醒了，快步走到玻璃窗前。浑黄的江水，偶尔冒几个泡，大多数时候平缓地流淌着向前。混作一片的天水相接，在看得见的不远方。

4

然后，走街串巷，我选了一个吃冰的地方。林博给出两个店名，我二选一。没想到是哆啦A梦主题的甜品店，店里人不多，一桌是一对中学生情侣，另一桌是两个大叔。

子怡选了个幽静的角落，与那两桌一道窄墙相隔，谁也不打扰谁。等甜品的时间，子怡也是争分夺秒地追韩剧。林博坐在对面，幼稚地玩着消消乐。我起身，把手机的二维码界面呈现给一个女服务员，问她这个优惠券能否用。

她努了努嘴，让我找老板。我看向另一边，慵懒靠墙坐着的那个大叔，原来是老板。我还未拼凑出一句话，他赶紧站起来。大概知道我的来意，抽出手机居高临下地扫了我的二维码。

我回到座位，得意地说："待会儿给你们加菜。"

"不错不错，学到我的真传。"

"哪里哪里，功力还差那么一丢丢。"我很开心的另一个原因是，老板大叔很帅气。

吃着超级土豪冰，瞥到服务员和厨房阿姨走出去了。心叹，干这行，到这个点儿才能休息吃饭。

"我还饿，杨昕贝，去点些吃的。"

看在他陪子怡浪的份上，我忍。这会儿，那对情侣已经离开了。我绕过墙，再次撞见老板和另一个大叔有一搭没一搭聊着。

"呃，老板，还可以点餐吗？"

"可以。"他赶忙站起来，"要什么？"

"这个，甘梅薯条，还有……奇异果缤纷。"

我有一种打扰到别人休息的惭愧感。

"好，一共三十八元。"

"现在付？"

"是。"

他注视着我，我心里有点儿不习惯。还好口袋里带着现金。我把钱递过去，他找零。我愉快地回到位子上玩消消乐。

"过关了没？"

"过了。"

"帮我过一关。"我把手机递过去。

"看在你请吃东西的份上，帮你一次。"

老板亲自上菜，我轻声地说了一句"谢谢"。他报以一笑。

回程，林博带路。闯进僻静漆黑的小巷，两旁是紧闭的铁门，假装淡定。兜兜转转迎着路口出来，推车上台阶，身旁穿梭着散步的老老少少。下台阶，沐浴着凉凉的江风。

今晚的夜色真美啊！你说是的。

对我来说，这便环游了世界，认识了路，遇见了人，最后坚定自己的选项。记得林博说过，只要有一个大方向，就不怕迷路，就不会走丢。

他验证了这句话。

在远方的时候

林夏尔

认识郑尘的第二百四十八天，我逃走了。与他的方向、与自己心的方向、与约定好的方向、与所有的安逸自在，背道而驰。

这是漂洋过海的第十四天，我仍然没从水土不服中缓过劲儿来，高烧不退。外境老师拿着一堆药来看我，给我倒水，很无奈地说："吴奈奈，我给你拍张照片你就可以住院了，你折腾啥呢硬撑着，别人都开课了。"我望望外面光秃秃的树，圣彼得堡已是深秋。"老师，我有镜头恐惧症，你不用管我了。""哎，吴奈奈，你知道吗？俄罗斯客机10月31日失事了，上周日举国悼念，瓦西里岛断电了，你手机没电家里没电不去上课，有病也不能整天睡觉啊，我以为你出事了呢。欸，我和你说话呢，你怎么又睡着了？"

这外境老师太称职也会令人头疼啊……我还是睡觉吧。

我叫吴奈奈，很让爸妈无奈的普通女孩儿，学习不好，人缘不好，长得不好，跟别人说起会有些丢脸。2015年，我要参加高考，考试前三个月开始厌学，叛逆，好像不做点儿自己喜欢的事情就对不起我吴奈奈本应该轰轰烈烈的青春。因为没有特长，没有才艺，非要说我有执念，那大概就是摄影了。但我的镜头里只有风景，我没有人可拍，更不会拍自己。大概，有做摄影师梦想的人有镜头恐惧症是件可笑的事情。

四月份的一模考试，我没有参加，跑出去看"2015年业余摄影大赛"的优胜作品。排名靠前的没什么感觉，我一边摇头一边往后走，看会不会有惊喜。突然被一张照片吸引，照片上是一簇小小的珊瑚，孤单又坚韧。看得我心里有些堵，抄了照片底下的署名和联系方式就从展馆出来了。

拍这簇珊瑚的人叫郑尘，Z大建筑系大三学生。他说我是第一个注意到这张照片的人，聊起来之后自然也就知道了这张照片的拍摄背景。郑尘说他喜欢珊瑚，喜欢拍珊瑚，那一次去海南取景，无意中碰到了这簇小珊瑚，它不漂亮不抢眼无依无靠，却比瑰丽的珊瑚丛更打动他。听着听着我便想，是不是每一个普通的人都会有像小珊瑚一样的运气，被人无意中发现、记录，欣赏。

郑尘于我就像世界上的另一个自己，自然不能轻易放跑他。我会有意无意地跟他说我的生活，向他袒露我和别人从没说过的梦想，以及对未来刻骨的茫然与恐惧。即使刺猬浑身是刺，但也总有柔软的地方，毫无防备地袒露在一个特殊的环境下，不是因为信任，不是因为难得，只是因为特别。非要说一个人懂我，我宁愿相信那人是郑尘，现实的不如意给不了我任何安全感，隔着我和郑尘的屏幕就像保护层，掩盖了我差劲的事实，保护了我可怜的自尊。

郑尘是个工科男，但是对珊瑚有种近乎疯狂的情有独钟。为了去拍珊瑚，他学外语，学潜水，重新拿起地理课本，每天坚持健身保持绝佳的体能，开始关注天文和气象。他身上有与年龄不符的一腔孤勇，像火一样烧得我总会嫌弃自己的软弱和逃避。于是我过回普通高三生的生活，父母着实欣慰了一把，我也终于安分了一点儿，但平静的只是表面，内里的疯狂一直企图蓄势待发。

我还是会时不时地骚扰郑尘，把他当树洞扯东扯西。有一天他问我，你有和我一样迷恋的东西吗？我没有，但不想说没有。乱编了一个好像很高大上的极光，郑尘笑着说咱俩的恋物癖好烧钱呀。我也跟着笑，笑着想他比极光更难得、更特别。他有时候会摆学长架子要我好好学习考Z大，说如果我考上了，他就奖励我，给我拍一组照片，然后治好我的镜头恐惧症。我强装淡定地回答"好啊"，貌似底气很足，其实心在发抖。

有时候我会想，认识郑尘就像一个只属于我的不愿见人的秘密，软软的，很温暖。但是这种关系神奇又脆弱。

我高考失利了，郑尘在我高考后问我以后的打算，我总说我没想好，他再问也问不出个所以然。我没有撒谎，我是真的在犹豫，郑尘于我，是个想见不能见的人，就像泡泡，我好怕它被现实戳破，有时候，不如不见。因为高考失利，爸妈对我更无奈了，吴奈奈这名字真是好到让我想哭。

就在我陷入纠结死循环的时候，郑尘给我留言："奈奈，我马上要开始实习了，但是我休学了，我准备去沙姆沙伊赫拍珊瑚，据说红海的珊瑚群是全世界最好看的。你也加油，什么样的选择我都支持你。"那之后，我们很久没有联系，我只能从郑尘一条条动态、一张张照片来判断他的红海之旅是否顺利，是否开心。到最后，我走了一条连我自己都没想到的路，拿我本就没有多少的勇气赌一把，赌我不会平庸一辈子。"我到圣彼得堡了，上学。我很好，你放心。祝你在红海开心顺利。"

一个人搬两个四十斤的箱子，没关系。动不动就连家都找不到，没关系。没有一个人能听懂你说话，没人能和你好好说说话，也没关系。我选了反方向，后果自然也要承担，室友吐槽我的盲目乐观精神，一睁眼就像上了发条，和各路来关心我的人马说"我很好请放心"。白天的演出很入戏，晚上盯着天花板睡不着觉。说了喜欢北极光，那就往北跑，其余的都没有关系。但是等我到了北方，我发现我把来这里的初衷丢了，因为我再不能打着我迷茫、我不想学习、我以后怎么办的幌子去影响郑尘。我继续被叫着"发条姑娘"手忙脚乱地过生活。每天默念十遍"我很好请放心"，就好像这样一切真的会好起来。

2015年10月25日，一切尘埃落定之后，我们九个一起来俄罗斯的中国人决定聚餐。男生喝啤酒，女生喝樱桃甜酒，不清醒的时候满嘴胡话，清醒的时候举杯碰在一起："为中国，为我是中国人，干！"人在放松的时候易醉，我就着苏打水喝樱桃酒，明明没喝几口，回家的路上却望着好像走不到头的街开始说胡话，仗着俄罗斯通信费便宜又酒壮怂人胆地打了郑尘的电话。第二天醒来头疼得要爆炸，两个室友一本正经地问我："奈奈，你好好说郑尘是谁，昨晚说了一晚上胡话。"我抖着手点开通话记录，二十八分零三秒，我喝醉酒给郑尘打了近半个小时电话，问题是我现在什么也想不起来。正呆着不知道怎么办的时候，郑尘的短信来了："奈奈，我拍珊瑚拍得差不多了，还有一些假期，我去看你吧？"我从床上一蹦三尺高，拉着室友就去了最大的商场买礼物，买吃的，数着日子盼着他来。

"奈奈，我订了后天的机票，KGL9268。"——2015年10月29日，来自郑尘。

"奈奈，喜欢我，要清醒地，当面告诉我。明天见。"——2015年10月30日，来自郑尘。

我这几天折腾得有些狠，酒还没醒就吹风，又被郑尘的短信一唬，直接发了住址让他自己过来。

2015年10月31日，没有人来敲门，我睡了一天。第二天我是被室友播放的早间新闻吵醒的。

"2015年10月31日，由红海度假胜地沙姆沙伊赫飞往圣彼得堡的KGL9268次客机在埃及西奈半岛中部坠毁，机上二百二十四人全部身亡。"——BBC早间新闻。

除了上课，我总是在家等着有人来敲门，但门从来没有响起。我总是在等郑尘的短信，等他告诉奈奈他为什么爽约，可我交再多电话费都没有等到那条短信。我等着郑尘给我拍一组照片，治好我的镜头恐惧症，可是大概郑尘还在为我晚上出去喝酒生气。

其实无论是照片还是珊瑚又或者是极光，这些太难得了，我都没见过，包括郑尘，都像是我自己做的一个长长的梦，像那个永远长不大的吴奈奈为了不孤单所幻化出来的人和事。可是为什么，梦醒时分，我仍然痛彻心扉。

因为，奈奈欠郑尘一个当面的、清醒的喜欢。

郑尘，我今天看见极光了，在远方的奈奈，又想你到泪流。

郑尘，我很好，你放心。

郑尘，好梦。

山风和云海，不曾相爱

莞　尔

1

我遇到阮晓的时候，她背着旅行包，穿着小皮靴，一副文艺青年的洒脱模样。我们一同对旅行社的服务嗤之以鼻，发现彼此都喜欢陈粒的歌之后更是相见恨晚。

当得知她从小品学兼优，现在是北京×大学的学生之后，我对她十分敬畏。我问她："你在上海的同学不准备接待一下这位大学霸？"

她笑："好不容易来一次，自然是要大宰老同学一顿。"

"你准备吃什么？"

"火锅。"她答。

阮晓看到我吃惊的表情后，告诉我说她选择吃火锅是为了曾经的约定。我说：“等等！你是要给我讲凄美的校园爱情故事？”她露出成熟无奈的笑容说：“是个故事，但在我看来，它无关爱情。”

我们坐在江边，风吹乱了阮晓中长的卷发，在这个静谧的傍晚时分，阮晓向我讲述了自己。

2

阮晓。

如果在当初的校园里，你向任何一个人提到这个名字，大家都会十分熟悉。描述大概如下：大学霸一只，琴棋书画貌似都精通的完美主义者，就是……

就是颜值不够高啊。

阮晓不是普通的学霸。她在班里和每个人都打得火热，人缘绝顶好，以至于她在最后以票数的绝对优势当选为省三好。讲到这里，她不禁吐槽道：“我哪里三好了？整天喜欢不务正业地写小说，作为一个理科女抱着三毛林徽因张爱玲甚至莎士比亚看个没完。夸我不早恋，那是因为我丑啊！”

她无奈地向我摊摊手，说自己读书时头发比男生的都狂野，噘嘴的表情异常可爱。

话虽如此，阮晓除了写文章、读书的爱好，剩下的时间也都留给学习了。她不追星，不逛街，事实上除了身份证上的性别写着"女"之外，所有小女生喜欢的事情她都不屑一顾。这种独特的定位让阮晓成绩一直名列前茅，以一个根红苗正的好少年姿态，愉快地健康成长在祖国妈妈的怀抱里。

然而，十七岁的阮晓却变了。

一直以绝对理性自居的她，在青春的美好年华里，突然发现镜子里自己的脸部线条变得柔和起来，突然发现自己的皮肤好得不可思议，突然开始在意自己的发型，突然开始注意班里的某某，突然和经常打打闹闹的男生有了清晰的距离感。就像是倒下的多米诺骨牌，倒下第一张，便一发不可收拾。阮晓坚硬的内心慢慢变得柔软，她也开始了属于她的伤春悲秋的绿色岁月。

而这部年代剧的主角是她口中那个神一般的存在。在阮晓的描述中，余天宇是个理科学神，同时也是颜值也不错的殿堂级人物。

但是，对于阮晓来说，这些都是次要的，最重要的是他们两个人之间的心有灵犀与不言而喻。记忆里的余天宇会一笔一画地写下完美的步骤为阮晓讲解不懂的习题，会和阮晓因为一个化学方程式吵得不可开交又微笑释怀，会在讨论有趣的话题时轻扯阮晓的衣袖，会在一起打饭时把剩下的唯一一勺饭菜让给阮晓。

我不禁插嘴道，"多么完美的一个人！就像是童话里的白马王子啊！他有没有白衬衫啊？"

阮晓说："有的，并且上面沾满了白色的粉笔末呢。"说罢，她自己吃吃地笑了起来，小酒窝在发丝间一闪一闪的。

3

就像阮晓的男神是余天宇一样，余天宇也有女神，而这位女神的身份就十分特殊了。她是阮晓和余天宇的物理老师，阿骊。

阿骊比这些学生们大四岁，上课激情满怀，下课更是对于学生们爱护有加，主要体现在她发卷子的张数上。人们自始至终都不知道阿骊究竟好在哪里，竟然能让学神余天宇而折腰。议论纷纷过后，余天宇仍然喜欢着阿骊，并且坚持不懈地每天刷着物理竞赛题，等待着阿骊的微笑。

只有阮晓明白，余天宇如此爱阿骊，不是爱情，而是一种对母亲的依恋。余天宇曾经对阮晓说过，"哎，阿骊与我母亲年轻的时候好像啊。"

余天宇愿意在深夜画着一张张受力分析图，愿意看着粒子飞过磁场与电场，划出青春的轨迹，愿意看光反射折射照在自己头发上，白了少年头，愿意用此换取阿骊一个微笑，一句赞扬。黑夜里，余天宇第一次对阮晓吐露心声，他第一次红了眼睛，"这些微笑与赞扬，我没有机会听到我的母亲亲口对我说。"

而阮晓愿意用熬夜奋战换取余天宇的不孤独，愿意用自己的无畏与坚毅与物理拼个你死我活，以此换取余天宇的暖暖微笑。

我问阮晓："那时的你肯定喜欢余天宇吧？"

阮晓摇摇头又点点头，又更加剧烈地摇了摇头，她说："我当时真的没有想过。这一切活动都仿佛进行得太过于自然，就像是下意识的，多年后，我时不时会审视当年的自己，那种奇怪的感觉我本以为很复杂的，现在发现就是喜欢，单纯的喜欢，而已。"

沉浸在竞赛题海的阮晓没有注意到自己状态的异样，小测试成绩的下滑并没有给这个单纯的少女以警示。而她的朋友阿千却是看在眼里。

阮晓为了余天宇丧心病狂地追求题目的难度，而忽略了基础。排名差距的拉大，让阮晓在余天宇面前异常自卑。而恰巧班里流言四起，又一次奇妙的契合，但不是美好的心有灵犀，而是阮晓和余天宇用同样的举动疏远着彼此。

稍微往后挪动一下身体，往左扭一下头，用余光瞟一下教室的另一侧的余天宇，很长时间这一直是阮晓的经典动作。那时，坐在后面的阿千在阮晓凝望之时，会带着狡黠的微笑一同望去，然后被阮晓的拳头砸得嗷嗷乱叫。

阮晓再也不会一遍遍地重复望向余天宇的动作了。

而阿千，却一直对阮晓笑着。

4

阿千开始对阮晓进行思想批判性教育，用"竞赛能当饭吃吗""高考考竞赛吗""物理竞赛那么变态你竟然学得下去""你是被青春期蒙蔽了双眼了吧""你那猪脑子学什么竞赛"种种毒舌话语阻止阮晓学竞赛。最后又摆出了阮晓近期测试成绩，语重心长地说："基础要紧啊。"

阮晓看着面前的少年突然正经起来的样子，扑哧一下笑出了声，又翻了个白眼说："论据不够有力，差评！"

阿千露出无辜的表情说："亲，不要这样啊。"

我问阮晓阿千是个怎样的人。阮晓耸了耸肩，用嗔怪的语气说："他呀，是个差劲的人喽。"

在阿千的神奇预言下，阮晓的期末考试成绩因为化学生物的阵亡而一落千丈，阮晓哭着骂阿千："你没事诅咒我干吗？！"

阿千看到阮晓脸上遍布眼泪，手忙脚乱地拿了一张草纸递给她说："阮晓阮晓你别哭。你本来就丑，哭了更丑啊。"

阮晓想了想觉得挺有道理，便不再哭了。阿千用手轻轻在阮晓嘴边一挑，想要制造一个微笑，却发现苦笑的阮晓让人无法直视。阿千无奈地叹气说："阮妹妹，没关系。哥哥带你驰骋在化生战场。放下你的物理竞赛，我保你立地成佛。"

阮晓把自己的物理竞赛书交给了阿千，说："可是，我放不下他。"

我望着阮晓，她说："我每每回忆到我们生命中出现的这些男孩子，我都觉得三生有幸。他们存在在我的脑海里，都是美好的模样。那时我觉得自己喜欢余天宇，其实就是习惯了他的温存，以至于他的离开让我不知所措。后来，我们三个一起哭一起笑的时候，那种奇妙的感觉在我不经意间就烟消云散了。"

5

阮晓说，阿千是个很妙的人。

阮晓给阿千倾诉自己的心事，阿千就像她的垃圾桶。

阮晓在生物的遗传与变异中纠缠，阿千就像是一剂良药。

阮晓在化学方程式中纠结，阿千就像是正催化剂。

不久后，阮晓就发现阿千和余天宇成了勾肩搭背的好兄弟。阿千自然而然地把阮晓也列入兄弟名单之内，并且不断在余天宇面前揭露阮晓的短处，让阮晓恨得咬牙切齿。

在余天宇面前，阮晓可谓是丢足了面子。

不过，由于阿千的参与，阮晓和余天宇的关系也恢复了正常。余天宇仍然在刷着物理竞赛，并且也获得了大大小小的奖项。阮晓的名字再次排在了前几名的位置。

阿千拿出阮晓的物理竞赛书，问："你想要吗？"

阮晓出人意料地摆摆手，"算啦！"

这个举动让阿千瞠目结舌，甚至怀疑阮晓精神方面出了问题，然而嘘寒问暖很久，发现阮晓依然是三观不正不偏、心态乐观积极的好少年。

三人一直坚持着晚自习放学后仍然继续学习四十五分钟，一起骂上一年的高考压轴题答案有多坑爹，一起笑阿千的字有多丑。有时候会不务正业，一起打开地理书在上海地图上勾勾画画，然后说："一定要努力啊，等回来我们要在上海一起吃火锅呢。"

阮晓说："阿千不吃辣。"

当时的他们，觉得火锅是绝世美味。三人在理科苦海里遨游，每天祈求在食堂买到美味佳肴，学霸外表下藏着一颗吃货的心，但也只能天天啃着馅少得可怜的馅饼。

阿千说："阮晓阮晓，学校的饭竟然也能把你养得珠圆玉润耶！"

阮晓说："说人话。"

"你又胖了！"阿千说罢，躲在了余天宇身后。

阮晓跺跺脚："余天宇！你要是不帮我，我就不帮你给阿骊策划生日惊喜了！"

余天宇连忙拜服在阮晓脚下。

结果，阿骊生日那天，三人忙活了一个早自习。阮晓用自己为此练了许久的特殊艺术字体写下了余天宇的祝福语，并且在下面署了余天宇的名字。余天宇看了之后，赶紧擦掉了，后来又悄悄地写了自己的姓：余。

阿骊的课是第一节。在大家兴奋等待之余，阿千用手肘碰了碰笑得花枝乱颤的阮晓，说："你真的甘心为他做这些？他可是你男神啊。"

阮晓拍了拍阿千的肩说："早就不是啦！我喜欢的人早就不是他了。"

阿千愣住了。这个总是爱笑的男孩儿第一次脸红了，他第一次如此用心地看着阮晓的面孔，突然发现自己经常调侃的阮晓眉间有一颗小小的美人痣，突然发现她的皮肤是那样白皙，突然发现她笑起来的时候是那样美。

美。

他被自己的头脑风暴吓了一跳，咳嗽了两声，说："阮晓之宽容，兄弟拜服。"

上课铃声打响了，阿骊却迟迟没有出现。当得知她前两天查出乳腺癌的时候，余天宇跑到讲台上将准备好的板画飞速擦掉。他用力地擦着，白色的粉末落在他特意穿的白色衬衫上，将他笼罩在悲伤的氛围中。他跑下讲台的时候，阮晓看见了他发红的眼眶。

他说他清晰地感受到了阿骊的痛。

6

我说："哎，学神真的不一般啊。别人青春的主角是恋人，他的主角是他妈。"

阮晓说："其实我认为，那才是爱。"

在全世界都觉得不可能的时候，我在追逐你。我愿意付出无限的代价换取你一个阳光的微笑，纵使天下人都阻挠我也不会因此改变。爱不是喜欢，不会随着岁月、心态、角度的改变而改变。喜欢就算再深也是两颗灵魂，再用力的喜欢也是一颗灵魂对另一颗灵魂的真诚呼唤，而爱，是一个人。

多么美好的故事啊。

年少的余天宇爱阿骊。

年少的阮晓喜欢过余天宇。

年少的阿千暗恋阮晓。

他们都愿意用一腔热血换取心目中的他或她一个暖暖的微笑，他们能用一个简单朴素的"火锅之约"延续着青春的不灭童话。

阮晓后来才知道，阿千告诉过余天宇："我不希望阮晓受伤，我喜欢看她傻笑而不是流泪。所以，我们做朋友吧。"阿千还说："阮晓其实挺好看的。"人们捉摸不透这些少年的心理，大概只有这样的玩笑才能让当时的他们

山风和云海，不曾相爱

保持着安全的距离，一起走向未来。这些出自于真心的行动不需要解释。

高考过后，阮晓意外通过了北京×大的自主招生，成绩稳拿她想要报考的专业。人人都知道阮晓有个"上海梦"，父母老师告诉她说："你自己决定吧，你开心就好。"

我问阮晓："你是不是当时特纠结？"

阮晓第N次露出成熟的微笑，说："我只用了五分钟就作了决定。"

"那你的火锅之约呢？"

她没有回答我的问题，而是继续讲述着："我给阿千、余天宇看了我的录取通知书后，他们什么也没说。"

阮晓在机场与阿千和余天宇告别。

余天宇说他去医院看望了阿骊，并且两人聊了很久，阮晓说恭喜恭喜。阿千在一旁一改往日话痨的习惯，阮晓发现了他的异样，走过去打趣道："中学的时候一大堆女生都在暗恋你呀，赶紧找一个吧，青春等着你去挥霍呢。"

阿千望着阮晓，两人第一次勇敢地与对方对视。

"挺好看的。"

"嗯？"

"其实你长得挺好看的，尤其是你笑的时候。"

我追问阮晓她是怎样回答的，她说她没有回答。听到航班的消息，她与同学们匆促说了再见，就再也没有回头。

我说："阮晓，你傻啊。你别以为我看不出来你喜欢阿千，那么好的机会……啧啧啧，你智商那么高，情商怎么那么低？"

"我的生命出现过很多个男孩子，他们个性不同，风格迥异。他们有的教会我付出，有的教会去接受，有的教会我去拒绝。他们带领我发现一个又一个新世界，让我变成了今天的阮晓。我非常开心的是最后我们没有在一起。星星只有站在我们这里看才会闪，喜欢在暧昧中才美好。一旦雾霭散去，喜欢暴露在空气中倒显得单薄可笑。即使没有其他的干扰，我照样会选择对阿千沉默，对余天宇逃避。我想留住他们在青春中的美好样子，不论岁月如何蹉跎，他们在我心目中永远是少年的模样。我们的火锅之约从没有泯灭过。"

胡琴咿咿呀呀地拉着，在万盏灯的夜晚，拉过来又拉过去，说不尽的青春故事，到处都是传奇，却难有圆满的收场。

阮晓拍了拍屁股上的尘土，站起身来，笑容异常美丽。她说："你听！"

你知道我的梦
你知道我的痛

你知道我们感受都相同

就像有再大的风

也挡不住勇敢的冲动

　　在那个慵懒的午后，大家一同哼唱着歌曲。阮晓回头瞧阿千陶醉其中的模样，阳光洒在他闭着的眼睛上，可爱一如往常。那一回头，阮晓的笑容刻在脸上，就再也没有离开过。

时光的河，入海流

流浪是梦想的方向

阿　砂

十七岁时，酷爱画下每一株苍翠坚强的植物。

常常是在书声琅琅的清晨，兀自趴在课桌上用签字笔或圆珠笔，很用力地在纸上勾勒出叶蜿蜒的脉络以及枝柔韧的线条。

然而讲台上的那盆绿植，蜷缩的叶早已枯萎。许是因为它不能生长在应试教育窗外的蓝天下，所以殷勤浇水也是徒劳。

家里，母亲一直喋喋不休的内容大致关乎我的期末成绩，但我已经麻木到置若罔闻。

"哗啦——"母亲霍地夺走了我的画，她怒不可遏。

"你想怎么样？你以为我们家能供得起艺术生吗？"她屡次中肯地重申，意在让我清醒：学美术不过是不务正业的事。

忽然想起昨日分班时吃的散伙饭上，一直沉默着的班长喝了酒后唱了范玮琪的《启程》。

"现在就要启程，你能让我看见黑夜过去，天开始明亮的过程。"明明是很激励人心的歌词，听者却莫名眼角泛湿。十七岁的我们，在虚渺的未来与残酷的黑夜间挣扎着，又因为自命不凡，一点儿都不想愧对自己的心。

果子曾说，美术班像围城，有人拼命想进来，有人拼命想出去。她还说过，比起美术联考，她宁愿回来和我们一起为高考并肩奋战，美术班里没有她在乎的那个人，她既讨厌单枪匹马的孤独，又缺乏孤军奋战的勇气。他们培训班的老师曾当众说她是"一点儿天赋都没有，因为成绩不好家里有钱才选择学美术的人"。可果子向我提起这事时却表现得云淡风轻："事实确实如此，我连透视结构都学不好，有次偷吃静物水果，那个老师还诅咒我铅中毒，哈哈哈。"

果子笑起来没心没肺没形象，却是我最羡慕的人。她可以如她所说的在美术班悠闲"混日子"，可以因为某个教色彩的老师是个帅哥就翘掉所有透视课为他洗调色盘，还可以乘着轰鸣的列车去很远的城市看我梦寐以求的画展。而我和她截然不同，甚至相反，因为于她而言美术班乏善可陈的生活正是我很努力踮起脚尖奢望的。

我很认真地对果子说："我是个流浪的艺术家。"

曾经许多次和母亲争执不下后离家出走，倔强地背

时光的河，入海流

着很旧的画板，在烟味和汗味混杂的人群中，自豪地幻想自己像是个流浪的艺术家。流浪，在我看来不是个狼狈的词，而是一种随性洒脱的行走方式。每个流浪者，都心存一个很想到达的远方，一个念念不忘的念想，这是弥足珍贵的。

离家，回家。

后来的我，按照母亲的话，乖乖地在白纸黑字的分班表格上填上理科。那天，母亲难得和颜悦色地和我说，等你上了大学再学画画，妈妈不反对你。那天，我也难得留意到了母亲鬓角的苍白和眼角的皱纹，确实，学美术会给家带来沉重的负担。因为亲情，我选择妥协。

星巴克里，果子捧着色彩绚烂的马克杯，不可思议地望着我："所以说，你要放弃画画了吗？！"

"才不是这样，只是暂时把梦想搁一搁，如果我真的想学画画，大学也是一个不错的起点啊！"

妥协不是放弃，流浪累了，那就暂且停下来歇一歇，偶尔留意那街角的咖啡店，偶尔卸下肩头冗重的行李。毕竟梦一直在，远方不会因此更远。

我们在这儿短暂流浪

昊 夕

你如何度过孤单又难挨的高中？看到这个问题，很多人脑海里就会浮现出一个人的名字和一张又远又熟悉的脸。

三月的一个周末，独木舟来南昌开签售会，身边几个朋友早早计划好路线，带上那本从中学陪跑到大学的书，上面落满了稚嫩的笔迹和漫长泛黄的岁月。

朋友W从现场回来，在朋友圈发了一段话："高中时候，'独木舟葛婉怡'的微博当了好几次我的树洞。因为被要求每天在家写忏悔，那些我不能和现实中所有人说的真正想说的话，都对着电脑上那个小小的对话框泼了出去。最后，我没有见到独木舟，那本携带青春回忆的《深海里的星星》，因为是外带书而被书店禁止带入。在签售会开始两小时前，我离开了书店，告别了我的青春。"

他们在一段时间里，地位若似神明，在消极的时候，因为有他们，便觉得对未来对远方还有一些希望，咬咬牙继续往前走。

W的这种巨大的心理落差我也有过，那是在见完刘同之后。刚知道刘同要来学校开宣讲会的那晚，我兴奋到凌晨两点未入眠，动用了所有人际关系，只为一张内场票。深夜拧开台灯，借着那一点儿光亮，把内心集聚了那么久的话铺陈于纸上，厚厚的一沓，我把它塞进一个信封，一个朴素的只印有学校名称的信封里。

刘同来的那天，人很多。进场之前，我一直在和朋友说这些年执念的喜欢，在《职来职往》上认识了这样一个大男孩儿，后来无意中发现他也是双鱼座，为我们又多了一个共同点而感到开心。每次负能量爆棚，我就去刷他的微博，连刷几条又觉得高考的独木桥变成了星光大道。要说多喜欢我形容不出来，但如果没有他，或许和他相见就是在另一个城市另一个年岁。

从见到他的第一刻到最后一刻，失望的洞被一点点扯大，曾经是又远又熟悉，现在却是很近很陌生。签书的时候，很多小姑娘和我一样都写了信给他，五颜六色的信封很快就填满了一个盒子，更别说我那封朴素无装饰的了。把信给工作人员的后一秒，我突然后悔了，多想伸手捞回来，不愿自己的青春被埋葬在别人之下。

一本签了名的书，一次握手，算是给闯过花季雨季的自己一个奖励。可代价却是，和那段时光告别，和他告别。在回去的路上，我任由眼泪流了一脸，像毫无征兆地失去了一样很重要的东西，并且明确地知道再也挽留不住。

认识七堇年更早一些，我喜欢亲切地唤她小七。如果说喜欢刘同是因为他总是带给我正能量的话，那喜欢小七就是连同她的人以及她的一切都喜欢。

高三时，课本和习题已经把书包撑得很大，我每天依旧会再塞一本《被窝是青春的坟墓》进去，实在装不下的时候，就用双臂抱在胸前。总之，一定要时时带着这本书，才有勇气面对新的一天，简直是被我奉作高中时代的"圣经"。

浮躁，是那时候最易出现的情绪，在别人摔笔摔书摔门时，我都会掏出《被窝是青春的坟墓》，在摘抄本上抄大片文字，等心情平复再和题海搏斗。她和她的书像一剂镇静剂，对时不时病情发作的我而言，是唯一的解药。

上了大学，有几次机会可以去见她，有几次机会可以写信给她，我都刻意错过了。她早已不是一个作者那么简单，而是我关于青春所有回忆的寄托。

她只要安放在那里，我就会安心，无须见面，我也知道我深爱着她，如同青春那样。

我一直觉得我很幸运，很早就找到了自己喜欢的东西，和喜欢的人也走过一段并肩的路，有三五好友无论远近互相牵挂。现在听着歌对着电脑打字的我，过上了自己在中学时期待的生活。无论前路如何艰难，在回望最难陪跑的花季雨季里，都感谢遇到了你们，以至于在孤单独处时，不至于觉得被全世界丢弃。

这一趟华丽的冒险，
你是我邂逅的最美风景

骆 阳

对于喜欢到处旅行这件事，我现在终于明白过来，无非就是因为我处在叛逆期时小说看多了。装帧华美、情节狗血的长篇忧伤小说，里面的男主或者女主动不动就背上旅行包去远方寻找自我，抑或是体悟生命的真正意义。

曾经的我觉得他们超酷、超有格调，于是心底渐渐滋生了文艺病，一天不在埃菲尔铁塔笔记本上写关于"诗和远方"的句子就觉得少了点儿什么，每当坐公交车时会微侧过脸一直静静注视着车窗外装出一副很文艺的样子，好像此时正有好几架摄影机对着自己在拍MV……

那时候十分想背上行囊去远方，而在初中的最后一个学期我也的确是去了远方，只不过这个远方不太远罢了，就在邻市。那次去远方我挑错了季节，我在陌生城

时
光
的
河
，
入
海
流

059

市的夜街被冻成狗，除此之外我还提了一大包沉甸甸的破衣服举步维艰（计划着一走到底永远不回家），下了火车之后我把那包衣服藏在公园长椅下面就去网吧了。结果可想而知，第二天我就打了退堂鼓。回去之后还听班级的小灵通说我们班主任在全班同学面前说我离家出走结果灰溜溜回来了。记得当时听到这些气得我牙根痒痒。

梦想总有照进现实的一天，高二结束的那个暑假，我去了一个沿海城市看海。好的季节，足够的钱，只装了半个背包的衣服。

那海美的呦，我看第一眼就哭了，满脑袋都是海子的诗。这时候，剧情急转直下。一个染着黄头发的杀马特男孩儿从天而降，他轻拍我的肩膀。"你怎么了？"他问。我那时极其讨厌说网络流行语的人，于是回道："关你什么事！"他的嘴角往上扯了扯（像极了《隐匿而伟大》里的海浪），哼了一声，说："当然关我的事，你踩到我的鱼竿了。"杀马特拿起鱼竿，跑到乱石上把渔线甩到海里，海风把他的头发吹得根根立。

我看着他的背影，特别难受，因为我折腾了一天还没有吃饭，而我又不想离开这片罕有人迹的荒海，所以我朝他喊："喂！你有没有吃的？"其实我是看到了他装渔具的破兜子里有几盒饼干才问他的。

杀马特说："兜子里有饼干，自己拿着吃。"

我一点儿没客气，三包饼干全让我吃了，实在太饿了。我朝杀马特喊："喂！你有没有水？"

杀马特回过头，说："喝光了！"

我打嗝打得快要死掉，"咯咯咯咯"根本停不下来。海子暂时被我抛在脑后，我想尝试一下喝海水。

杀马特朝我喊："你神经病啊！海水不能喝的，会死掉。"说完他指了指坝上的破摩托车。

这个该死的杀马特，不是说喝光了吗！我飞快跑向摩托车，可是摩托车上并没有水。我朝杀马特大喊："你敢骗我！"

杀马特朝这边喊："我是让你骑摩托车去买！"

我朝他扔了一个死海星，我甚至还想把摩托车也扔过去。

他放下手里的鱼竿，慢悠悠走过来，说："对啊，你不会骑摩托。"

于是杀马特就骑摩托车带着我去买水了，回来的时候，杀马特大喊了一声："啊！有大鱼上钩！"然后他从汪洋大海里拽上来一条才手掌那么大的鱼。

我说："我都饿一天了，根本不够吃。"

杀马特说："也是，太费劲。"说完他把刚钓上来的鱼放回大海。

我说："你蠢啊！你放了不就连啥味都尝不到了嘛！"

他甩甩黄毛，说："走，哥带你去馆子吃。"

杀马特带着流浪女孩儿，在海岸边的土路上呼啦啦飞驰，尘土卷起，我的头发飞起，身旁就是无际蔚蓝的海。真文艺啊，我心里这么觉着。我好像爱上他了，我心里这么觉得。

杀马特力度没有把握好（我体内积攒了太多的洪荒之力），我、杀马特连同摩托车一起撞上了路边的电线杆子——"砰！"我感觉我、杀马特和摩托车一起离开地球表面旋转，说实话，当时我心里一点儿没慌，甚至还唱起了蔡依林的歌。

我由于惯性继续保持向前飞，一头撞上了一个赶路的大叔，脑瓜子"嗡嗡"作响，我不仅没有给大叔道歉，还在他面前唱道："旋转，跳跃，我闭着眼……"

大叔吓跑了。可是杀马特他不见了，仔细找找，原来是被压在了摩托车底下，这小伙子太瘦，被个摩托车遮得严严实实。杀马特奄奄一息地说："遇上你可能是因为我上辈子吃了太多的腌咸鱼，点儿太背。"我说："我真的好饿，我想吃臭咸鱼。"

后来是这样的，杀马特和他的摩托车都坚持不住了，双双紫薇式晕厥在尘土飞扬的路边，好在杀马特在紫薇式晕厥之前用他的铁板诺基亚给他爸打了个电话。大概二十分钟之后，我就听到远处的天际传来雷声，"轰隆隆"像是要下一场暴雨的样子——我的天！一个四十几岁的大叔开着个拖拉机缓缓停下来，期间拖拉机一直"突突突"地叫个没完，我感觉我的心脏都快要爆炸了。我渐渐明白，这个大叔就是杀马特的老爸。一身破洞牛仔服，脚上一双卡其色高跟牛仔靴子，头发乱糟糟的还染成了葡萄紫。我的天，大夏天的，不捂脚吗？简直花式辣眼！虎父无犬子，这父子俩敢情都是世界非物质文化遗产之乡村非主流的继承人啊！

摩托车和杀马特都被大叔扛到了拖拉机上，我站在一边不知所措。杀马特睁开一只眼说："别愣着，上来啊！"

这家伙！敢情是装死呢啊！亏我刚刚还以为他要死了而险些痛哭流涕！

杀马特迷迷糊糊地坐起来，给他老爸点了支烟。大叔叼着烟，打开了拖拉机上高配的重低音导弹，一脚油门蹿了出去。那一刻我感觉我就要上天了。杀马特神气地说："怎样？哥哥我改装的！四驱光速发动机，德国螺旋发热引擎，HQ高品环绕声低音炮……神量级豪华坐骑，有钱你都没地方坐。"

我真的要上天了。

低音炮播放的音乐也是辣耳朵没商量，你们知道是什么吗？凤凰传奇的《最炫民族风》！我趴在杀马特耳朵上喊："你这豪华坐骑把我屁股颠了八半我也就不说啥了，只求你关掉音乐或者换一首，我只求我的心灵获得片刻安宁。"

那是我第一次听到Coldplay的歌。新式轻摇滚 *Yellow* 的音符和男高音被风扬起来，耳朵像插上了翅膀，轻飘飘飞起来。让人费解的是，爷俩儿居然一起跟着唱起来，这两个人的审美还真韧得像皮筋，随便拉缩。

我脑袋里迅速闪过一丝想法：我这是怎么了，第一次旅行就碰上这么能搞笑的人，什么时候积攒的隐藏积分啊，爽到头皮发麻，怪不得这么多人称颂旅行呢，简直刺激到不能自已。

我来到杀马特家……忘了说，刚刚在拖拉机上杀马特告诉了我他的名字，他的名字叫马特牛，所以我现在应该说我来到了杀马特马特牛的家。还忘了说，马特牛跟我说他爸叫马特。到这里，不得不说，我十分好奇马特牛的爷爷叫什么。马特牛的家是个二层小洋楼，坐落在市远郊，是一处面朝大海、背靠青山的漂亮住宅。他妈妈在家里炒好了菜，一桌子海鲜看得我口水流到脚面。我悄悄跟杀马特说："你可真不够意思，家里有个五星级厨师还要带我去下馆子。"马特牛说："你不懂，我妈有哮喘病，不能闻太多油烟，还不是我爸知道我朋友要来家里做客，然后跟我妈说了。"

到这儿，我真的很不好意思，连忙上去跟马特牛的妈妈说："辛苦了辛苦了，真的不用这么兴师动众，有碗粥喝就行。"马特牛的妈妈说："海牛这臭小子可真不带劲，也不跟我们说你要来，还是他爸跟我说的，我这就赶紧做了几个菜，草率得很。"

我们也没多说敷衍、客套的话，洗了手就上了餐桌，蛤蜊、虾爬子、海肠子、石虾等等各式各样的海鲜我还是头一次吃，去壳就能尝到鲜嫩的肉，淡淡的腥味里缠绕着细腻的海味，汤汤水水，蘸酱的小菜，入口即化，舌有回甘，简直就是一次完美到极致的美食之旅。马特牛和他爹两个人对吹着当地产的小麦啤酒，侃着听起来清新脱俗的大山。我也是在其中了解到，马特牛在莫斯科留学，今年暑假回家待一个月，然后又要去那个比东北还冷的冰窖求学。年年都能得到奖学金，周末蒸两大锅包子在校门口卖，大长腿欧洲美女排着队跟在屁股后面甩都甩不掉……这都是马特牛在饭桌上说的，把我和他爸妈逗得"嘎嘎"直乐。

我也试着喝了一点儿啤酒，还没等一瓶下肚，眼前的事物就有点儿晃。马特大叔问道："那小姑娘你呢？"我知道他什么意思，简简单单说了一下本姑娘的性格、学校、成绩等。马特牛接过话，学着某歌星的口吻一本正经地说："那小姑娘你的梦想是什么？"我几乎脱口而出："环游中国！"

马特大叔说："姑娘你还小，这样太危险。"我好像突然想到了什么，心里想着：好在我的第一次旅行遇上了这么好的人。马特大叔又说："明天你也别乱跑，让海牛带你去海边玩一天，后天你买车票回家。"四下静了好一阵后，马特大叔叹了口气，说："海牛也是马上就走了，后天。"我的心好像是突然往下一沉，不过我还是随即说了一个字——好！

马特一家看来都是心胸开阔的人，没有过多的用主观思维来评价我的独自旅行，只是适时点拨地说一句：早点儿回家。哪像我妈，我一开始跟我妈说假期独自旅行的事，我妈拿着笤帚疙瘩追了我三条街，还不是我凭借着自己的智慧、才华与口才对着气喘吁吁追不动我的妈妈讲了三升口水的大道理才争取来了这一次旅行的机会。

夜晚的海风吹动着蓝色的窗帘，寂静也可以奏出一曲乐调，我盯着低压矮碟的雨云出了神，一切都像是梦。我和马特牛的妈妈睡在一张床上，阿姨早已入睡，留下平稳、轻细的喘息融进短暂而又冗长的夜晚。

雨过之后的清晨，喝了微烫的蘑菇虾仁粥，跟着马特牛一起去了海边。我们坐在礁石上缓缓地聊天，一切都淡淡的，素素的，像是潮汐稀释了纷乱，天空滴下的蓝染白了夏天。

马特牛小时候体弱多病，他的肠胃不好，有时候一连一个星期拉肚子，马特大叔开着拖拉机送马特牛去医院看病的路上灵光一闪给儿子起了"海牛"这么个小名。海牛是坚强的，在海边成长的男孩子，也不一定柔弱得像姑娘，他到了成年，离开海边的小村庄去遥远的莫斯科上学。

海牛说："在莫斯科的冬日里，海的声音总是在耳边回响，这你可能体会不到。"

我说："旅行可真是奇妙，可以遇见看起来杀马特但是内心却美得像诗的人。"

海牛说："你如果把头发留长，我想你会比现在多十五分。"

我说："不同世界的人，也总会有一个交点让我们见面，我希望我们可以一直当朋友。"

海牛拿出了一颗小小的白色贝壳，它被磨得发亮，看来海牛一直把它带在身边。它被蓝色的绳子穿起来，像是一个简陋的项链。我闭上双眼，听见海的声音，这是我第一次拥抱海。海牛把贝壳系到我的脖子上。我还是闭着眼睛，我听到海牛说："对，我们可以永远做朋友。"不知为什么，我掉了泪，泪水滴在礁石上，不知滑落到了哪里。

对于喜欢到处旅行这件事，我现在终于明白过来，无非是因为我处在叛逆期时小说看多了。我期待有一个人出现，从我的背上取下破烂的双肩包说：我已恭候多时，路途遥远你身心疲惫，现在最好喝一碗热腾腾的海鲜汤。我只是期待远方会有不一样的温柔声音，偏执的我，不认为身边会有多余的浪漫。这是一种错，我还会在接下来的岁月中，走更多寻找的路。

往后的很多日子里，海牛的话都还在我耳边回响。

海牛说："对，我们可以做永远的朋友。"

那一天，火车向北，大海渐渐淡了轮廓，旅途已经没有遗憾。盛夏的天空像是年少的脸庞，有时还没等乌云色变，就已痛哭流涕。我不会哭，我只是会偶尔抬头看看，海牛乘坐的飞机会划出怎样好看的线。

我还想问：马特牛，你的爷爷，他到底叫什么名字？这太让人好奇了。

奔跑的冥王星不曾流浪

刘　斌

1

我上小学时，班里严重"阳盛阴衰"，男女比例3比1。同为"稀有物种"的女生抱团取暖，格外相惜。

那个时候，女孩子都是成群结队的，像一根藤上的花儿，脚步落到哪里，哪里就摇曳满风铃般清脆的笑声，把山水都织上了稠密的倒影。

我们看完《欢天喜地七仙女》后，每个人都以自己喜欢的颜色取了名儿，组成"仙女团"。"仙女团"几乎囊括了班里所有的女生，除了忆。忆皮肤黑黑的，面部很平，像松嫩平原，瘦小的身子裹着她母亲的旧衣服，和晾衣竿没什么区别。

忆费尽心思地想融入我们。下课，我们相邀去食堂，忆就及时"饿"了起来，嚷着要结伴而行；去厕所，忆也要同我们一起，她低头翻纸巾时，我们已经嘻嘻哈哈地走远了。尽管她竭力配合，却始终无法与我们产生化学反应，只能静静地跟在后面，听我们聊最新的话题，在我们乐得前仰后翻的时候很应景地笑，表情痴痴愣愣，脸上的笑肌挤在一起。

傍晚放学，我们在前面手挽着手，忆跟在后面，保持着不远不近的距离。"我渴了。"小A说。小A是"仙女团"的中心人物，活泼闪耀，像一轮明月，我们这些群星总绕着她转。"我去给你买水吧？"忆的眼睛突然亮了起来，二话不说就跑向前方的小卖部。"总是装作一副可怜的样子，真惹人讨厌。"小A淡淡地说，好看的眉毛向上挑，像倒置的上弦月。我们没有说话，跟着小A走完一整条街。"等等我啊……"忆边跑边喊，声音被风刮得支离破碎。她谄媚地把水递给小A，累得弯下腰，大口喘气，身子像随风耸动的芦苇，我们都捂着嘴偷笑。

小伙伴陆续归了巢。我的家最远，最后剩下我一个人，忆小跑几步跟上来，与我并肩。她虽然不善言辞，却是个很好的听众，我常被小A嘲笑的幼稚想法，说与她听，她也会满脸歆羡，听《圣经》一样，表情虔诚，让我好得意。

那天，小C过生日。忆看到桌上摆着的生日邀请卡，表情明媚得像一朵向日葵。傍晚，忆缠着我去买礼物，我们跑了许多店，最后选了一条紫色小花的塑料项链。忆掏出一条皱皱巴巴的手绢，剥橘子般层层打开，她细细数出厚厚一沓的角票，然后将手绢塞进书包里。我不屑地想：真是个土气丫头，我们都用钱包了，谁还用手绢啊？

生日会上，忆把礼物交给小C，小C的嘴巴张得可以塞进一枚鸭蛋："你怎么来了？我没有邀请你啊？"人群爆发出一阵笑声，小A用胳膊撑在我的肩膀上，捂着肚子笑弯了腰。忆走到小A面前，声嘶力竭地吼着："是不是你故意做的？"小A脸涨得通红急急地说："你别含血喷人，你自己笨才会上当！"忆没有再说话，可我分明看到了，她转身的那一刻，好似瀑布落下的泪。人群再次沸腾、唱歌、欢呼、尖叫，并没有人因为忆的离去而失落。

那天后，忆再也没有主动提出与我们一起做什么，她成了一株藤萝，终日伏在桌上，看书写字。放学，我们在后面打闹，忆在前方走得飞快，影子越来越小，凝成一个晃动的小黑点儿，被夕阳湮没。

年少的自尊与骄傲让作为共犯的我始终没有道歉，忆似乎也感受到了我们之间的疏离，偶尔在楼梯上遇见，她埋着头，表情淡得像一幅水墨画。我们这条短暂相交的线，终于背道相驰，愈行愈远。

小学毕业，升学考试成绩贴在校公告栏上。忆的名字端端正正地摆在红榜前位，像一头逆风奔跑的独角兽。我和姐妹团里的大多成员，名字排在红榜的右下，跌跌撞撞地进入了家附近的初中。

2

高一下学期文理分班，凭着对文字世界的一腔孤勇，我和那张薄如蝉翼的志愿表一起走进了文科班。

随着课程的加重，大大小小的考试接踵而至。身边人仿佛是穿越而来的古人，嘴边总绕着几曲诗词，思维在试卷上尽情绽放，开得个姹紫嫣红，而我的试卷却常常半庭寥落。记不清多少次在历史的各种战役里遍体鳞伤，站在地理图册的珠穆朗玛峰上喘不过气，在政治书中形形色色的会议里昏昏欲睡。我终于把行囊打包，从锦绣的文字宫殿搬进了冰冷的数字实验室，寄望在重重叠叠的符号和公式里寻到我的柳暗花明。

班主任的脸上浮动着淡淡的不屑，把我安排在倒数第二排，和一群调皮捣蛋的男生坐在一起。前排的女生已经形成了稳固结实的圈子，我可以切肤地感受这种对外相斥的强大磁场。因为在错误的时间加入，我成了这个班级的集合里唯一的真子集。

我深深依赖的"仙女团"，如今也都随风飘散，海角天涯。小A和我在同一所高中，她有了新的朋友圈，遇见也是匆匆一笑，然后挥手再见。曾经以为年少的友谊就像铜墙铁壁，外界刺不破也挤不进来。实际上，面对别人的侵入，我们团结一致，坚守住领地；而我们内部却在时光的氧化下，渐渐分崩离析，瓦解成一堆记忆碎片。

教室外有一棵桐花树，风一吹，白花簌簌下落，纷纷扬扬，如透明的时光帷幕。我的孤独也在桌前静静地升腾，挥发，消散在漫天香雨里。于是，我知道了从教室走到食堂需要九百八十七步；窗外桐花飘落的时间是三秒；每天第二节下课会有两只白猫准时出现在草坪上打闹；物理老头每讲完一道习题会习惯性地用手擦去下巴上的口水……

那段孤傲的日子像单调的递增函数，我在那个不起眼的角落，读了《红楼梦》《我的大学》等名著，发表了第一篇文章。成绩突飞猛进，从一个无名小卒晋升为老师的大将……这段我曾经避之不及的寂寞时光，却将我打磨成一块温润的羊脂玉，散发久而弥笃的光。

甚嚣尘上的那些年，花季里的我们似乎都很怕孤单。我们不愿做被黄沙掩埋的独叶草，努力适应水土，学着周边人的模样，试图把自己长成闹春的红杏，将青春点缀得满树繁花。我常常想起忆，那个静得像塞尚油画的女孩子，她如一滴水蒸发得无影无踪，没有人知道她的最近消息。我猜想，成绩优异的她应该早就把灰暗的小学时光打包装箱，收拾好心情，追寻心中那座发光的岛屿了吧。也许，我们每个人的生命中都需要一段静默的时光，直面最真实的自己，听梦想开花的声音。

在我们的内心世界，都奔跑着一颗冥王星，可能是别人，也可能是曾经的自己，渺小黯淡，不被人注目，被太阳系排除在外，却在另一片时空里，闪耀着动人而有力量的光芒。

时光的河，入海流

马佳威

时光像一条远去的河，带着我们一半的青春和一半的记忆，消失在了我们眼前。时光似乎定格在了那个阳光明媚的季节里，大片的三叶草跟随着风满操场地奔跑，那时候我们就这样单纯地笑着，仿佛无忧无虑。那个午后我做了一个很长很长的梦，醒来发现他们都已经消失在人海里面。

1

我和周小南都喜欢仰望天空，这是我们唯一的共同爱好，那时候，每逢体育课跑圈，我们都会屁颠儿屁颠儿跑到一棵大树边，然后伺机躲在大树的后面。我和他同样是不喜欢运动的人，周小南是因为胖，而我是骨子里透着一股淡淡的文艺腔。因为这个"爱好"，我和周小南成了要好的小伙伴，按现在的话来说，是穿一条裤子的好兄弟。

如果此时你天真地以为在草地上，两个少年安静地仰望着蓝天是极为文艺的话，那你就大错特错了，因为每一个文艺的事件都有两个必不可少的条件，一是仰望者是个极为唯美的少年，二是瞳孔里满是悲伤的女孩子。而我和周小南恰恰都不符合。

但我们没有因此而自卑，按周小南的话说："虽然我很丑，但是我很温柔。"所以我和周小南在文理分科的时候，毫不犹豫地填了文科。

2

高二开学，我抱着一摞厚厚的书本走进教室，教室里一片混乱，也许会突遇飞来横祸，被课本砸中，但我还是幸运的，当我蹑手蹑脚缓缓走到我的位置时，周小南一把拉过我神秘地说："小子，你走运了。""走运？不会是狗屎运吧？"我一脸狐疑地看着小南，"你就不要给我卖关子啦，给我速速从实招来。"小南这才吐出实情："据说，你的新同桌是个女生，而且你是男生里面唯一一个得此殊荣的。"

这下我的心里美滋滋的，终于要"脱贫"了，兴奋地想立刻演唱一首歌。"你可先别得意，民间传说这个姑娘你可惹不起，她一口气能搬两桶水呢！"周小南特意把"两桶"这个数量词提高了几个分贝。于是我又极度担忧，低头看看自己的小身板儿，活活一个出气筒呀。周小南劝我好自为之，然后回到他的座位上了。而我的脑海里突然出现了《食神》中的龅牙珍。经历了一场大喜大悲，我的神经几近崩溃。

这时候，有个女孩儿哼着小曲在我身边坐下来，然后温柔地说："你就是我新同桌吗？"我向她点点头，打量着她，长发，戴着一副眼镜。这淑女的形象怎么都跟女汉子联系不起来。正当我看得入神，女孩儿说："你这样看着一个姑娘好意思吗？"我这才觉得自己有些失态，然后涨红了脸。

她叫王渺渺，是一个不错的女孩儿，即使她不给我抄作业，又苦口婆心地劝导我："好好学习，你千里之外家乡的妈妈会感到欣慰的。"王渺渺也会趁我不注意，在我背上贴一个画工欠佳的猪头，每次我都会气急败坏地扬言跟她绝交……而我则跟王渺渺讲述我当年行走江湖当上"村头一霸"的热血故事。每次王渺渺都会听得特别认真，并且表现出一副极为崇拜我的模样。

3

那时候，我们喜欢听一档广播栏目《为你写诗》。男主播每天都会收到一个叫杳渺的女孩儿的诗，每一个安静的晚上，我都会听着这纤柔细腻的文字入睡。

那时候，我和周小南也争相开始写诗，然后把诗歌装进信封里寄到广播电台。

王渺渺问我："你相信有四叶草吗？"

"相信，不过我从来没有看见过四叶草。"我说。

王渺渺把一棵草摆在我的书上，我一数，是四叶的。"这下让你大开眼界了吧！"王渺渺说。我把四叶草拿起来，在窗户照进的阳光下反复观摩。"看你这个没见过世面的乡下人，这株四叶草就送给你了。"王渺渺说道。

那天晚上，有着磁性声音的男主播又朗读了杳渺的诗歌：

思念像一棵芽，疯狂地生长着。

长成一株草，它有着奇怪的四叶，

像两颗相印的心，

一半是思念，一半是爱恋。

飘荡着，飘进了梦里。

恍惚在梦境里，在阳光的下面，

远远地，有个男孩儿向我走来。

手里握着一株代表幸福的草，

这株草散发着比星光还璀璨的颜色。

4

就这样，我们爬上了高三。高三的第一场月考来临，王渺渺兴致勃勃地要跟我打赌，我说："比谁更加貌美如花吗？"王渺渺神气地说："比谁貌美如花，你够资格吗？"

王渺渺对着她的小镜子说："镜子镜子，你说天底下谁最美呢？"

我在一旁轻声附和："当然是王女侠您了，王女侠貌美如花，简称如花，小弟甘拜下风，佩服佩服。"王渺渺恶狠狠地白了我一眼。

"言归正传，我们比成绩，"王渺渺继续说道，"赌注是一星期的饭。"

"比成绩，小爷我从来没有怕过，赌就赌。"我夸下海口后当即就后悔了，心底暗想：这下糟了，我摊上大事了。最后为了防止诈骗案的发生，我们学着电影《霍元甲》的桥段，签下了生死状。

周小南偷偷地问我："你就不怕输吗？到时候我可不会借钱给你。"我朝他摆了摆手说："不要慌张，大敌压境怎可乱了阵脚。"考试迫在眉睫，我早已给自己留好了一条后路，那就是——作弊。我事先已经查看好了考场，用一顿饭贿赂好了前边的学霸，考前做完了眼保健操。万事俱备，便自信满满地出发了，我想我绝对能将答案看得清清楚楚、明明白白。

等我趴在考场百无聊赖地等学霸给我传答案时，我看见了桌子上密密麻麻的字。什么"不要迷恋哥，嫂子会揍你！""本想优雅转身，不料华丽撞墙。"后面还有留言："我知道你爱我，但是我不想跟你好，因为我讨厌你这种在桌子上乱写字的人，最重要的是我不知道你是男人还是女人！"

最后是学霸弃我而去，于是我在这场战争中阵亡了。

5

王渺渺可得意了，死死地拼进了前三名。我对周小南说："你看，这世道小人得志。"王渺渺从教室后面那张月考"皇榜"前趾高气扬地走到我面前，神气地摊出手说："穷寇，快请本女王吃饭。"

我这才想起那个赌注，然后说："不行，我请你吃泡面吧。没算违约吧，约定里只写了请吃饭，没写吃什么。"王渺渺没想到我会钻这个空子，在我哈哈狂笑的时候，她甩出了一句："无赖。"

我一直以为王渺渺是个没心没肺的女生。在众人眼里，王渺渺能歌善舞，成绩又好。那是最后一次高考模拟考试，王渺渺失利了，我陪她绕着操场走。她一路沉默，什么也不说，于是我从边上摘了一朵小雏菊送到她面前，我说："王女侠，请接受我献给你的花。"王渺渺郑重其事地接了过去，她说："从小到大，我都是保持着最优秀的一面，因为家人对我期望极大，我不能够让他们失望。"

王渺渺抬起头看着我说："我不允许自己有任何小小的失利，哪怕一点儿。"我说："王女侠，你所向披靡，无人超越，尤其貌美如花……""简称如花是吧。"王渺渺扑哧一下笑了。我也跟着她哈哈大笑，我说这是我的台词。

"时光的河，入海流，终于我们分头走，没有哪个港口，是永远的停留……"校广播里传来了林志炫的《凤凰花开的路口》，原来这么快就到了我们毕业的时候了。

6

高考结束，我在周小南整理桌子的时候看见几首诗，竟是那个叫杳渺的女生写的诗。我说："哎呀，小南，你这么崇拜那个女生，该不会暗恋人家吧？""不是不是，不要凭空污人清白。"小南忙解释。我邪恶地一笑："莫非你抄袭人家的作品冒充才子，去骗小妹妹？"

"其实这几首诗不是我抄的，"周小南向我坦白，"这是王渺渺写的诗歌。"我不免一惊："杳渺，王渺渺。"我默念了几遍，恍然大悟，"原来我崇拜了两年的女诗人就在我的身边呀。"这时王渺渺恰巧走进教室，我就这样傻傻地看着她。王渺渺严肃地说："你这样看着一个姑娘好意思吗？"

无声的告别

白梦莜

1.缘起，在人群中，我看见你

茫茫人海中，在这陌生的城市，我们相遇相知，成了好朋友。

我不善言辞，也不愿在人群中虚与委蛇；我无视世俗眼光，只想做最真的自己；我把对周围一切的热情全都投注到一个人的身上，梦想着它会开出芬芳的友谊之花。

你是深沉执着的摩羯座，我是千面一人的双子座。一次，我被一个故友伤了心，你气愤至极地说："你可长点儿心啊！亏你长了这么一对大眼珠子，连个人都看不清，交个朋友都随随便便……我还忘了，我就是被你稀里糊涂拉上船的……"由此可见，我们的相遇，当时的确很离谱。

　　平日里我习惯戴着冷漠的面具拒绝所有人的接近，但内心深处却渴望着那种可以依靠的温暖。矛盾如我，在选择朋友上尤其挑剔。我自知不太懂人情世故，所以把自己层层包裹，生怕受一丁点儿的伤害。

　　初遇你，我们穿着军训服，你眉眼之间流露出来的那种温柔和平和让我心生好感，我主动跟你聊天，加了你的QQ。但是，那段时间你手机坏了，一直到两个星期之后你才登上QQ，同意了我的好友请求。自那之后，我经常约你一起出去逛街，你每每总是有求必应。

　　那个时候，我以为找到了一辈子的好朋友。你的世界很简单，和你相处我从来不用仔细琢磨每一句话。我想笑便笑，想闹便闹，毫不掩饰地将内心的各种想法倾诉给你，因为我知道你会帮我保密。那个时候，我天真地以为，朋友就是身边那个可以让你做自己的人，而他看透你，懂你，却依旧愿意陪在你的身边。

　　那个时候，我的世界里只有你，而你的全世界却不止我。你还有你的同学、室友。我总是无休止地缠着你，剥夺你的分分秒秒，连你上课的时间都不放过，美其名曰去蹭课。而你总是会惯着我，任何时候一个电话，你就会不问原因地陪着我。世界上不会有一个人完全为另一个人而生，有时候我都能感觉到你内心的不情愿，但是我假装没有发现，嘻嘻哈哈地说些有的没的。

那个时候，我不懂节约为何物，一有钱，就拉着你出去胡吃海喝。我知道你家经济条件不好，所以我会尽可能地请你吃饭、看电影，然后天真地以为自己做了很伟大的事。对于我这么孤单成性的人来说，抓住一个朋友就如同抓住了救命的稻草，愿意倾尽所有，只要你能陪在我的身边。只是，那时我没明白，原来我们是两种人，注定不会长久。

2.缘灭，我看见你，在人群中

我不是一个安分的人，那些世俗的条条框框于我不过是摆设。我会逃课出去玩，而你则是被我拉着。因为你没有赶回去上课，你的室友给你打电话，隔着空气，我清晰地听到她们气愤的声音。我突然明白，你和她们才是一路人。你们都是有梦想有追求，循规蹈矩的好学生，可我完全是游戏人生。

我也曾想过，像你一样，收起自己随波逐流的性子，可坚持没两天，还是老样子。我真的不知道自己想要什么，也不知道能做什么。人说："青春苦短，再不疯狂我们就老了。"以前，我不敢疯狂，以后，我怕没有时间，所以现在我越发心安理得地虚度时光。

终于，某天你爆发了。你说："你不要时时都黏着我，你也要试着和你的室友们一起玩，也要试着好好学习。"虽然你尽可能地委婉了，但那一刻，我还是感觉很受伤。未掉下的泪珠被我偷偷擦掉，然后风干在空气中。我一时词穷，不知道该说什么，而我知道有些事说开了只会彼此伤害。

自那以后，我试着一个人生活。然而很快，我感到异常悲伤无望，于是再次厚着脸皮给你打电话。你没有拒绝我，我们并排走在熟悉的路上，周围的空气里弥漫着尴尬的因子，黑暗将我们彻底包裹住。没想到熟悉如我们，竟会尴尬到如此地步，我匆匆说了再见就逃也似的飞奔回寝室。

我以为，我们只是需要冷静一下，没想到我们的友谊竟然就那样淡了。我给你打过几次电话，你大多以没有时间而拒绝了，再后来，我连给你打电话的勇气都没有了，然后我们就这样散了。你来，无论多大风雨我都会去迎接，你走，我也不会过多地挽留。

后来，我们在学校竟也许久没有再遇见。你被我从QQ分组里最亲密的人拉到了不常联系人里面。看不见，就不会想，慢慢就会忘记。兴许人就是这样，曾经不可缺少的人，在岁月的洗礼后，也会成为可有可无的存在。我不知道在我的生命中有多少这样的过客，但是每一个，我都需要时间去慢慢忘记。

3.久别重逢，空留一片唏嘘

暑假时，我意外接到你的电话，此时离我们彻底失去联系已经快一年了。我的手机换了又换，里面早就没有了你的号码，但是只一眼，我便知道那是你。曾经每天都拨打的电话号码，到底是记忆深刻。那一刻，我无法表达内心的惊喜，仿佛一件很重要的东西在丢失后，又意外地出现。

那天，我们默契地对过去闭口不提，如多年未见的好友一般寒暄许久。我以为，友谊就这样回来了吧，晚上我激动得睡不着觉，令我孤单、心生畏惧的学校又成了我渴望回去的地方。

如果与我们成长的十多年时光相比，一年并不算多么长的时间。跨越时间空间，再次聚首，没有想象中的惊喜和温暖，在我们彼此沉默的背后，横跨着的是那无法回去的三百六十五天。你一如既往地简单，只不过我再难读懂，而我收起了往日的潇洒，我们除了问候再无其他。

假日里，我们依旧是彼此的依靠，你依旧会陪着我去看电影逛街吃饭，只不过我们终究隔着一种看不见摸不着、名曰防备心的东西。我们再也无法敞开彼此的心怀，像当初一样从天南聊到地北。

有时候，我特意挑你在线的时候给你发消息，然后让屏幕停留在那一页，但是，你却突然变成隐身。后来，这种事情常常发生，我真的倦了。明明可以瞬间回复的消息，偏偏横生事端，从Wi-Fi在线到不在线，是在嘲笑我的多余吗？你很善良，善良到连告别都是这么无声……

我们终将要面对这个世界，逃避从来不是解决的办法。我们终究要坚定往前走，因为梦在远方。为了那个未知的未来，我们无声地告别了昔日的旧友，告别了留恋的幸福时光，只为一步步变得更好。

所有小梦想都荡气回肠

檐　萧

1

莫名，我就是喜欢陈知。

不论是她穿过人群寂寥的背影，还是单枪匹马去山林中安营扎寨的勇气，甚至是她绕开我为讨好她而特意送的榴梿千层，而捏着鼻子的形象，都莫名吸引着我。

我想和她做朋友，可以拉手穿同款，说着嫌弃还会分你一口蛋糕的那种。

可新学期过去了两个多月，陈知还是独行客，她远去的背影隐隐有随时浪迹天涯的落拓。放学后我第九次邀请陈知一块喝奶茶遭到无情拒绝，她匆忙离开的步伐让我恍然觉得自己长了一张人贩子的标配脸。

我打电话求助摄影系的学长兼表哥，顺便指责他建议的这套路不行，我喜欢吃的都试过了，陈知还是不知道我叫什么，更不要说一块搭档。

学长言辞凿凿地说什么酷酷的女生要相处久才生情，我哀号一声，可是下个月就要比赛了。而后忽然想起，如果学长的套路得人心，那他怎么还会是单身狗。

学长愤愤地挂了电话，说要跟我绝交。

课上陈知认真记笔记的模样让我灵机一动改变策略。一放学我就切换成一副苦大仇深的脸，拿着借来的满是红叉叉的作业本请求和陈知一起自习，她似乎记得我拿蛋糕追在她身后跑的不良行为，犹豫了一下，在我泫然欲泣的可怜模样下终于点头同意。

托陈知的福，我的成绩和近视程度都在短时间上升不少。

偏巧数学课代表请病假那几天，陈知作为老师的心头好替补发作业，无意间看到我的成绩表是全A。蓄谋已久的计划就这样败露。

我老实交代，其实很早前就曾见过她。夏天我和学长到郊区山林里避暑，晚上意外看到萤火虫，贪玩追逐忘了嘱托，等察觉不知身处何地时，只见四周都是黑暗，即使月光温柔依旧不能赶走心中恐惧。

远处那一点灯火在暗夜里可以是明灯，也可以衍生出许多幻想。脑容量里储存的鬼故事铺天盖地地涌出来，我抓紧学长的手问，那……那是鬼火吗？

学长这个人优点有许多，大长腿好相貌，还有一点，就是关键时刻也认尪。当时他满是汗液的手反握住我，刚要说话时背后"咔嚓"一声响。估计那晚方圆十里都能听到我俩吓破胆儿的那声吼。

陈知淡定地用看神经病的眼神看着我俩，一脸无辜地拿着相机跟拍萤火虫，在她手电筒光线中我们才发现其实农家乐就在百米处，只是夜晚熄灯后房屋轮廓不见踪影。

深觉丢脸的我俩，自动把那晚从印象里屏蔽。

直到开学后，我在校报上又看到陈知和她的照片。

2

我摆出有生以来最真诚的表情说，和我搭档参加摄影比赛吧，奖金可以四六分。

陈知眼睛亮晶晶地问："钱多吗？"我松了一口气之余拼命点头。

周末一大早我背着相机和陈知一起上山，薄雾笼在山头，有清脆的鸟鸣掠过上空又忽然远去。美色横在眼前，我们却只能继续赶路。

听说山后有一处只有百十来户的老镇，那里老人至今还沿用古老方法炒茶、酿酒，甚至是传统的三拜九叩婚礼习俗。我们翻山越岭不辞辛苦也要寻找的，就是为了拍摄

"初心"主题系列照片好参加比赛。

陈知在山林间步伐轻快，作为懒癌患者，我坚持爬了两个小时山路后终于忍不住瘫在路边，竟然听到她说还有三小时左右的路程。在我坚持不懈地努力下，四十分钟后终于成功拦截一辆路过的小三轮，我俩坐在车后发型迎风舒展，肆意发挥。

老镇里游人稀少，破败的老旧房屋满是岁月沧桑，门檐上青草高两尺，太阳下晾晒着丰收季的蔬菜条和小鱼干。老奶奶坐在门口戴着圆片眼镜，一针一线给新生儿做小棉袄。

我和陈知一路走来，像两个误闯入时光隧道里的鲁莽客，不论是我们手中的设备，还是新奇的目光，都和这里安宁的氛围脱了节。

我和陈知对视一眼，都看出彼此眼中的犹豫。老镇在浮世里安静存在，交通不便为生活在这里的老人保留了初心，凡事亲力亲为。

信息化时代快节奏的生活工具必定曾流传到过这里，但对这儿的人来说却并非必需，甚至在世代生存于此的老人看来更像虚妄。

有人喜欢声色犬马的都市，就有人偏爱山风穿过的田野。我们决定不打扰这里的宁静。

辗转从山林回到市区那一瞬间，有种大梦惊醒的恍然，落在心头上酿成轻微的失落和莫名的感激。

我们重新商议"初心"的拍摄内容。

照我说，初心就是从小闻到桂花酒的清香，二十岁还喜欢，幽幽的，沁入心脾。

陈知咬着奶茶吸管，让我滚一边儿待着去，不用拍出来听立意就挂了。

这霸道总裁果断坚韧的模样，让我非常怀念她唇红齿白天真无欺，怕我居心不良贿赂她的内敛时候。

好在陈知有着丰富的摄影经验，在老城转悠了一圈后，在大妈提防的眼神中，不知发的哪种神经，忽然很开心蹦跶两下，她说初心就是存于浮躁却依旧坚持本心，保持对事物最初的好奇心和偏爱，她想到拍摄内容了。

从天桥下穿过，走过槐树铺天的街角，呈现在我眼前的是一片嘈杂而忙碌的日常，像旧小人书里的画。

我从不知生活数年的城市还有这样一处角落，老旧的书店里陈列着泛黄的书本，裁缝铺里的老阿姨拿着卷尺在布料上画线，再远之外，老师傅戴着厚手套从火炉里夹出通体红亮的铁块，一点儿一点儿锻造出汤勺的雏形。

飞机片刻间抵达另一座城市，快递隔天被远方签收，而世界不知名的角落总有人做着平常无奇却又了不得的事情。

我们拍了几天后从作品里选出三个系列提交。我尤其喜欢那家老书店，整面墙壁间的书从老旧线装的《诗经》《千字文》，到如今每月刊发的《中学生》杂志，最有爱的是书册居然按照年龄分类，像我这样的大好少女去买过多小说大概是会被赶出来。另外木楼书店为衬，老爷爷戴眼镜捧书看的模样，真是不能太帅。

我强烈要求给那张照片命名为，国民男神。

3

等待比赛结果的日子里，陈知无意得知我获得过省内学校摄影大赛的三等奖。

我心虚地把啃了一半的竹笋片"刺溜"吞下去，谦虚地表示英雄不提当年勇。

陈知感慨地说她当年也参加过那次比赛，投票数量也曾遥遥领先，但是最后却没有得奖，害得她奖金泡汤只好啃半个月泡面。

她从相册里翻出来递给我看，我接过一看不得了，这不是我当年钟情的那张照片嘛。

串门儿来的学长瞥到照片瞬间也愣了一下，大概觉得有点儿眼熟。

我抹了把汗把手机收好，端正地坐到陈知对面，拍得真好，大概是被哪个小人顶替了吧，但是为什么和现在的风格完全不同？

陈知说那时候年纪还小，费了许多心力终于一路过关斩将冲到决赛，生活费大多都折于拍摄途中，没获奖她对自己摄影技能产生了深深的怀疑，最后决定多多尝试，就找到了现在的风格。

我更加心虚地和学长对视一眼，一脸纯真装无辜对陈知说，你不要记恨我，那个顶替你的小人大概就是我。

在陈知一脸蒙三道黑线时，我指着学长用平静的声音阐述道："那年我考试失利压力特别大，表哥带我去远山散心，我觉得好玩就尝试拍了几张，他们说我的构图有天赋，就把照片投给了比赛方，后来居然真的获了奖。我还以为自己果真天资非凡，但是后来接连失败，我就知道是他和系里串通好为了鼓励我才给颁发的名次。虽然我后来真的喜欢了摄影……"

我用尽毕生机敏在陈知愤愤起身欲离开时一把抱住她大腿，忏悔着补充我愿意用两个月的饭弥补曾经的过失。

陈知伸出四根手指，追加一倍，要求四个月。

我连连点头追问："那我们算和好了吗？"

陈知摊手："说你考虑一下吧，毕竟如今你摄影技术也是很赞的，眼下也不需要我帮忙什么的。"

我抱住大腿不放，表示奖金我们可以二八分，千万千万不要丢下我。

陈知望着学长的美色犹豫了一会儿勉强说："好吧，饭要香。"

好在两个月后的比赛结果棒棒的，虽然有个别天赋出众的同学抢走些风光，但我们是不容置疑的第一名。陈知说这世界从不缺少怀揣梦想的人，比你优秀还努力的也大有人在，少的是受过挫折依旧凭借喜爱坚信努力是唯一出路，跌倒了起来拍拍尘土，原谅世界再继续勇敢前行。

很幸运，我们都曾遇到这样坚韧无畏的人。

4

托比赛的福，照片上的地点一时成为热门景点，大家争相去国民男神的书店里买两本旧书、裁缝铺里改良个校服什么的，整条街都焕发出勃勃生机，连带着街口坚持用纯正粗粮做的煎饼都卖到脱销。

带着奖金吃大餐那天，学长跟来蹭饭时问陈知，老书店的主人是你爷爷吧？

陈知沉默一阵儿，点点头。在我深感城市套路太深时，她说书店已经有二三十年的历史，以前大家热闹地凑在一起看书分享心得，如今受到电子产品的冲击，书店生意一直很惨淡，勉强维持日常开销都很困难，可是爷爷经营这家书店许多年舍不得关门，她就想帮他做些什么。

其实最早并没有想过要假公济私，只是从山里回来后忽然意识到如果这世间存在初心，不就是从小生活的那条老巷子，有人诞生有人离开，大多人却数十年如一日坚持手作坚持传统吗。

我还没来得及为这一刻的感动发表感言，就听到学长闷声笑了笑,说:"我看到了照片,陈知你小时候扎那个冲天的牛角辫还挺萌的。"

陈知抱着奶茶的手抖了抖,眼睛亮晶晶的抬头一脸天真地问:"真的吗?"

我努力在他俩中间刷存在感,也抛出疑惑许久的问题,当初我买好吃的讨好你,为什么不理我?

陈知眨眨眼说:"刚下凡,不懂人间的规矩,现在后悔还来得及吗?"

这一年秋风浩浩荡荡吹过山野,收获了一只兴趣相投的好友后,我也算是得过奖的姑娘了,而她也用自己的经历告知我,世间事不忘初心方得始终。

埋在时光隧道里的年少

远去的薄荷香和叮当声

走 之

我连续失眠两星期了，眼窝处的黑色都渐渐转化成了淡紫色时，我知道不能再这样下去了。

于是我诚恳地发誓，这是最后一次拿起手机，却突然看见电台贴心地为我的2016年做了一个总结——那些深夜，我把陈鸿宇的民谣反复听了三十三遍。

于是，我开始怀念一个人。

1

冬天第一次飘雪的时候，我戴上心爱的帽子，跳着跑出去。我是要去写作业的，可看着潇洒地飘舞着的雪花，我还是兴奋地叫出声来。

陈尘正在小区门口跺着脚，依然穿着那件单薄的外套。

他哭喊天气冷得过分。我闻着他身上的薄荷香气，很平静地笑着。

陈尘对薄荷糖有一种变态的迷恋，他身上总是带着叮叮当当的声音。时间久了，我开始习惯这种味道和声音。

我在看书写批注的时候，陈尘把一只耳机挂在我耳朵上。

我们坐在靠窗的位置，窗外昏黄，空中飘舞着柔软的雪花。我把笔放下，眯着眼睛听这个低沉的声音，轻轻地唱那些温暖的故事。

再不会有这么温柔的时光了吧？我想。

从图书馆出来的时候，街边商铺的霓虹灯亮了起来。陈尘从书包里拿出灰色的围巾围在我脖子上，说："不要再学郭敬明只戴你心爱的帽子。"

我有那么一点点安慰，他终于愿意去看郭敬明十七岁时写的那篇文章。但我还是很难接受这个像老鼠一样的东西围在我脖子上。

雪还在下。我笑的时候就会不小心吃片雪花。

"撒哈拉下雪了呢！"陈尘笑着说，"文科生，来分析一下当地的气候特征吧，哈哈哈……"

"喊，少扯吧你。"我在雪中瞪他一眼，"但是有生之年能去一次大沙漠，也算不留遗憾了吧。"

"那就毕业去浪漫一次吧，去找三毛那个墓地旁边的房子!"我们笑着击掌,给情感上的默契打了一百分。

我们一定是最好的朋友吧,在他不对我说"我喜欢你"的时候。

2

初春来临的时候,很多人染上重感冒,太多人请假,班级显得空荡荡的。那个总是穿着单薄外套的陈尘,自然不会被落下。

"我才没那么庸俗啦,我的病很特殊……"陈尘一边吃着苹果,一边用慵懒的音调给我讲他的病情。

然而我这个文科生,根本听不懂他解释病情时用的医学术语,只知道他已经住院了,而且要待半个月。

我找小A替我带几本书给他,却突然很羡慕他能在病房里安安静静地看书。

"那你来找我聊聊天,我把病传染给你呀!"

"算啦,您还是自己留着解闷儿吧!"

我们每天还像曾经一样互相调侃。

直到第一次考试结束,当他的名字被印在倒数第四一栏时,他不再开玩笑了。

陈尘一整天低着头,阴沉着脸。好多人围着他,讲宽慰的话,像是在哄小孩子一样,轻轻拍他的肩膀。他却始终低着头,头发遮住脸颊,忧伤好像越来越浓。

学校亮起昏黄的路灯，我一咬牙在学校的超市里，花两倍的价钱买下一盒薄荷糖，拔腿去追陈尘。

他走得很慢，还是低着头。我把薄荷糖放在他耳边晃了晃，叮叮当当的响声吓得他一惊。看他原本就苍白的脸显得更苍白时，我笑得不能自已，大声地喊道："有没有点儿出息啊，小子！"

他突然张开双臂，像个孩子一样，眼里倒映着路灯昏黄的灯光，闪烁起来让人有点儿心疼。

"我好累啊。"他张开的双臂突然抱住了我。

"没关系的啦，一次考试而已嘛。"我轻拍他的背安慰他，脸颊绯红。

"是，喜欢你，好累啊……"

他断断续续地说出来这句话时，轮到我脸色苍白了。要是在那个夜里，拥抱我的男孩儿在夸我给他选的书很棒，也许我会永远迷恋初春夜晚和昏黄路灯吧。

3

在那之后，我没有再和陈尘说一句话或者看他一眼，我把一切都尽可能地做到冷漠。

当课间他坐在我旁边的位置安静地写字时，我眼睛发涩——要是我们永远做那对有默契的朋友，现在都会很快乐吧？至少不必冷漠得如陌生人。

可是藕断丝连是太狗血的剧情了。

这样煎熬的四个月过去后，我才在跑道上再一次闻到那个有点儿陌生了的薄荷味道。

而我眼前只有灰蒙蒙一片，两条腿变得沉重而麻木，额头越来越烫，感觉终点那条白线像是飘了起来。

"加油！我在呢！"

听见这个熟悉的声音时，我只想哭。

最终我奋力跑到了终点，躺在了地上，之后就在一片浓密的黑色里睡去。

我还记得自己一直在哭，哭得很疲惫，哭得喘不上气，肺像是炸了一样。

我也记得，陈尘一直在用低沉的声音说："没事，我在呢。"

我醒来的时候难受极了，视线里还是灰蒙蒙一片。偏头却看见书包被好好地倚在墙上，上面还放着作业单，不由得一阵苦笑。

作业单上是陈尘的笔迹。打开暗黄色的台灯，我才看清纸背面的字迹：

> 我们很久没有认真说过话了。什么时候开始，我们要用这种方式沟通？
>
> 我也很想成长为温暖的人去保护你，可我本不深爱郭敬明的文字和让我恐惧的沙漠。很多人

告诉我别把关系走到最后一步，可我太疲惫。

但是我们，就再也做不回最好的朋友了吗？

窗外是平静的黑夜。我看到最明亮的星星倚在月亮的身旁。

我多希望，一切都是最初、最美好的模样，可一切，从不像我们想的那样。

4

我开始一个人去图书馆，一个人戴一只耳机听陈鸿宇的民谣，一个人看书写字到天亮。

我和陈尘，就像两个再也不会有交集的集合，比擦肩而过的路人还要陌生。

看到陈尘那张在大草原的照片时，我正在陌生的城市里买一瓶心心念念的酸奶。

"我在那片你说的，包含着人们真真假假情怀的草原上。我应该继续喜欢绿色，并且恐惧连片的沙漠。"

出门走了好一会儿，我拎着一兜子的零食，疯狂地寻觅很久也没找到的薄荷糖。

沿着街道望去，这座陌生城市在黑夜里依然灯火通明，庞大又快活的样子。

风吹得我眼睛发涩，我不开心。

再不能有叮叮当当的响声了，在这个夏天，一个灯火通明的夜里。

再不能闻到那清爽的薄荷香了，在我的这一季青春。

旋转吧小木马

浅　夏

门开了，老鱼满面春风地迎了出来。腰间还系着做饭用的围裙，像极了家庭煮夫。"嘿，老鱼我回来了，想我了没？"我眨了眨眼装出一副很萌的模样，把老鱼逗乐了。老鱼轻拍了拍我的头说："你这鬼丫头，都三个星期了才回来，快点儿进屋吧！"

"老鱼"是我给我爸取的外号，刚开始他并不同意我这样叫他，但我一直坚持，后来他也就乖乖妥协了。我妈在外地工作甚少回来，家里就剩我和老鱼。上高中后，我就寄宿在学校一两个星期回一趟家。每次回来老鱼都准备好多我喜欢吃的菜还有零食，让我乐不思蜀。老鱼不像别的家长那样严肃、刻板。我觉得他有时候很像个小孩子，逗的时候还会扮萌顺口来句"我代表月亮消灭你"。我和老鱼的父女之情一直是以友好的方式存在的，总之和老鱼在一起的时光很快乐。

晚饭过后，我被老鱼分配去洗碗，老鱼则窝在客厅的沙发里乐滋滋地享受电视带来的美好时光，对此我很是不满。我忙完后已经七点多了，来到客厅，老鱼正坐在沙发上，面色凝重。我凑了过去叫了他一声，他看着我神色黯然地问："你什么时候谈恋爱的？"我一惊，目光迅速搜寻我的手机才发现它就在老鱼的手上。我很生气："你偷看我的手机，你知不知道你这叫侵犯我的隐私权。""我是你爸，我有权知道你的一切。你现在是读书的时间不应该谈恋爱，你最好快点儿跟那个人分手。"老鱼大声地说着。"我不！老鱼你不可理喻，你说过不会窥探我的隐私，会给我自己的空间，你说话不算话。""不管怎样我不同意你早恋。"老鱼的语气很是坚决。"那我现在就走。"我气冲冲地走出家门。转身的那一刻，我能听见老鱼冲着我背影的吼声："走走走！走了就不要再回来，我不会开门让你回来的。"那时的老鱼就像一只受伤愤怒的狮子。我狠狠地关上了门，连同老鱼的怒吼也关在了里面，夜晚的黑暗隔绝了一切。

深秋的夜晚有些冷。秋风习习而来，我不禁打了个寒战。我在街上漫无目的地走着、停着，风肆意地吹着，不知不觉眼泪就流出来了。其实也不怪老鱼，只是我太骄傲太倔强了。街上的路灯发出微弱的光亮，把我的影子拖得老长老长的，显得越发地孤单。走着，走着，街角边的一家精品店吸引了我。那家店的店名很有意思叫"曾经"。橱窗里各式各样的饰品，很是精致，但更吸引我的是橱窗里那个小小的旋转木马。我也有一个一模一样的，那是十岁那年老鱼送我的生日礼物。我很喜欢，上面的小木马很可爱很精致，各有神态，逼真有趣。送礼物时老鱼对我说了句很煽情的话，老鱼说："小木马会绕着固定的中心不停地旋转，我希望你也能像小木马一样绕着爱不停地旋转。"秋风微凉，往事如风拂面而来，泪湿了双颊。

我慢慢地走着、停着，最后来到家门口。月色微弱，我踌躇着想上前去敲门。门只是虚掩着的。吱呀一声，门开了，我轻轻地走进去。客厅里弥漫着淡淡的烟草味，一张淡蓝色小纸条安静地躺在茶几上，上面写着三个字"对不起"。

稻香摇曳旧童年

米米雨

说实话，我妹的童年与我的童年比起来，那叫一个天，一个地。

我妹的童年浸泡在芭比娃娃、泰迪熊、Hello Kitty等大把大把的玩具之中。而我的童年，你问我玩具是什么？嘿嘿，关系好的捉只水洼里的蝌蚪送给你；关系不好的，哼哼，把正在菜地里美餐的可爱的毛毛虫先生（呃，或是毛毛虫小姐）送给你。

总之，我妹的童年，无聊。我的童年，嗯，狂野！

我最早的记忆是在三岁时，只因为那次惊险的"杂技表演"。

乡野，翻滚的稻浪酿着丰收的喜悦，金色的阳光照耀着散发稻香的金黄大地。收割机"突突突"地工作着。我们一班野孩子屁颠儿屁颠儿地跟在收割机后，踩着被阳光晒得干脆的稻叶和稻梗，"咔咔"的响，像极了村东头小卖部里薄煎饼咬一口发出的声音。

带着秋意的暖阳，懒懒的、酥酥的。

已近正午，奶奶把刚收割好的稻谷搬到屋顶去晒日光浴。我玩得满头大汗，整个人油乎乎地回到家。奶奶把澡盆移到太阳底下，为我洗了个澡。年少未懂羞涩，只知道正午的太阳好暖和，照得我好舒服……洗完澡，我搬个小凳子坐在赶鸟雀的奶奶旁，枕着她的大腿，睡得香甜。梦中，我见到咬着棒棒糖的邻家小哥哥，无意间，口水浸透刚换洗的衣服。平平的屋顶上，有着黄灿灿的稻谷和一对祖孙俩的身影，融在和谐的画卷之中。

傍晚，日沉西山，余下火红的光辉眷恋地萦绕着大地妈妈。

奶奶用簸箕将稻谷收进筐子里，而睡醒的我却精力十足地在一旁捣蛋，用锹耙（一种类似钉耙的农具）把奶奶刚整理好的一堆堆稻谷拨开，一脸得逞样。奶奶太忙了，一时没时间关注我，她将收好的稻子装进一个一个大麻袋里。

或许是我拨得太出神，竟忘记了身后没栏杆这回事，一失足，我从三楼房顶滑了下去。在这千钧一发之际，锹耙弯弯的一头紧紧地抓住了房檐。我惊魂未定，忘了哭，也忘了叫，一只手牢牢地攀住耙把。奶奶一回头，不见了我，到处找我，但我却一声不吭，生怕掉下去。底下，是一堆堆嶙峋的大石头，朝我张牙舞爪地示威。奶奶瞅见了耙头，一吃惊，快速走到屋檐一看，我竟挂在空中，死死地抓住耙把。奶奶慌了，面露焦虑之色，用手紧紧地攥住耙把，一手扶着一旁的水管，一使劲儿，把我连人带耙拉了上来。奶奶总算松了一口气，抹掉惊吓出的冷汗，跌坐在地上。而我吓得一动也不动。晚霞映红了半边天，除了刚才的小插曲，乡村渐渐恢复了静谧。

多年之后，我回忆起那件事，才知道那是生死的接力棒。所幸的是，在这场比赛中，我赢了，我活下来了。长大后，只是怀念稻花香里的童年，感叹隐隐逝去的时光，重温奶奶温暖如斯的爱，庆幸生命的奇迹。

我对抱着玩具的妹妹嗤之以鼻，每每提及这事，总要渲染传奇的色彩，望着听得津津有味的妹妹，洋洋得意地说："你姐的童年就是个童话！"

哥，我带你回家

zzy阿狸

1

"写信告诉我，今天海是什么颜色。"

每当我看见海的时候，脑子里总会浮现这句烂大街的歌词，也会想起我的哥哥，一个固执地认为海是绿色的大男孩儿。那天傍晚，海平线忽明忽暗，潮湿的海风刮在裸露的脸上像刀子一样疼，凉风把他的棉帽掀开，他坐在轮椅上低着头一遍又一遍地重复："你骗人，这不是海。"

他的脸上写满了失望，眼里有我望不尽的忧伤。

2

五岁那年我才知道原来我还有一个哥哥。他比我大三岁，出生后不久被一个富人家庭收养，后来富人生意失败，哥哥也害了一场大病，无奈之下他被送了回来。

他回来的那天，我在幼儿园里被老师批评，因为老师要求小朋友们画一片海，而我那蓝色的颜料落在家里，最后将就地涂上了绿色。回家后妈妈把我领到了一个阴暗潮湿的房间里，床上躺着一个陌生的小男孩儿。妈妈让我喊他哥哥，我手里还攥着那幅不合格的画卷，杵在原地不说话。

厨房里的水烧开了，妈妈连忙退出房间，留下我和他面面相觑。他大病初愈，浑身没劲儿，良久才缓缓地摊开双手，几颗五颜六色的糖果把他的面色衬得越发苍白。他用眼神示意我拿去，我内心稍觉不安，便一边胡乱地把画卷塞到他手里，一边利索地把糖果塞到自己的口袋里，生怕他会后悔似的。

他好奇地打开画卷，眼神里闪现一丝惊喜，他慢吞吞地问我这是什么，我理直气壮地说那是海。我还把昨天从邻家大姐姐那儿学来的话背了一遍给他听："海那么大那么大，一定可以容纳你所有的痛苦与悲伤。"

其实我压根儿理解不了这句话，但那刻为了捍卫糖果，我不能软弱。

他若有所思地点了点头，随即又昏昏地睡了过去。

3

家里没钱让他上启智学校，他便留在家里终日由妈妈照顾。他连笔都不会握，写一会儿便把笔扔掉，搬着小板凳去看动画片。念小学的时候，每天他都会等我回家一块儿看四点半的动画片。有一次我因不交作业被老师罚站，傍晚六点才摸黑回到家。他听见我的脚步声后，站在椅子上吃力地把挂钟取了下来，学着大人那样把时间调至四点半，然后兴高采烈地拉着我的手说："等你好久了，我们一起看动画片吧！"

说罢，他打开动画频道，荧幕上播放着一段接一段的广告。他不停地换台，嘴里不断念叨："现在明明是四点半，为什么没有动画片？"

妈妈快要被他气疯了，从厨房里冲出来，伸出手把他手上的遥控器重重地打掉。遥控器砸在地上发出重重的声音，电池都被摔了出来，他"哇"的一声哭了起来，眼泪怎么止也止不住。

他越哭，妈妈打得越狠。我背着沉重的书包，躲在门后不敢说话。

时间对他最大的恩赐，是让他什么都记不住。身上的瘀青还没散去，他便向妈妈撒娇要听睡前故事。从那天起，每天晚上无论多困我都要把作业做完才睡，因为我怕被罚站，我怕看不到动画片。

我更怕他挨打。

他对外界有着无穷无尽的好奇，我破旧的书包、掉页的课本、廉价的铅笔对他而言都是新鲜的存在。他围着我的书桌晃悠，想碰却不敢碰，生怕我不高兴。有一天他突然哀求我带他去上课。我坐在教室角落少有人问津，想了想便带他去了。他一直很安分地坐我旁边，不说话也不轻举妄动。最后一节课，我实在太困便睡着了，隐约听到教室里传来一阵哄笑声，我揉了揉眼睛，老师正恶狠狠地瞪着我，而哥哥不知何时早已站了起来傻笑。后来才知道刚才老师点名让我答题，哥哥见我睡得正沉便没有叫醒我，自己颤颤巍巍地站了起来。老师让他用"因为……所以……"造句，但他完全听不懂，正当老师迈开步子准备过来时，他生怕我被老师发现，便张口说："今天天气很好。"全班同学一听就乐了，哈哈地笑个不停，他不明所以地跟着傻笑起来。

恼羞成怒的我把桌子推翻，哄笑声此起彼伏，我瞬间完全失去理智，用力地把他往走廊方向推，恶魔般的我扯着嗓子吼："你给我滚！"我看见他眼里的慌张多得溢了出来，爬满了脸庞。

这课没法上了，我向老师老实交代实情。她了解情况后要求我向哥哥道歉，我把头偏向一边，气得浑身发抖，而哥哥早已不知所踪。

我再次被罚站。

中午十二点，我的腿麻得几乎失去知觉。老师叹了口气，摆摆手示意我回家反省。偌大的操场早已空无一人，聒噪的蝉叫声把这个夏天拉得很长，长得像一个世纪。

我无精打采地背着硕大的书包走出校门。人山人海中他不合时宜地站在街头，整个人彻底暴露在炙热的空气中。他穿着我的旧T恤，小小的眼睛不时地往校门这边瞟，在对上了我的眼神后急忙地低下了头，像个犯错的小孩儿。

我就那样静静地望着他，愤怒烟消云散，铺天盖地的悲伤快要把我淹没。我和他隔着一条街道，街道太宽太长，我用力张开双手也拥抱不了他。

我擦了擦眼泪，上前拉着他的手说："哥哥，我带你回家。"

4

我记得有一个夜晚我起床上厕所，看见妈妈正拉着行李箱往外走，我上前扯着她的衣角问她要去哪儿，她说要去外面打工，赚钱买好多好多的零食给我和哥哥吃。我兴奋地和她拉钩让她早日回来，她轻轻地嗯了一声后，站在门口回头看了我好几眼，我催促着她赶紧走，还嘱咐她别忘了带棒棒糖回来。

但她再也没有回头，她再也没有回来。

爸爸被工厂解雇后到处打零工，哪里需要临时工哪里就有他。没有活儿接的时候，他就去街头买醉，回家后大吵大闹，逮着我就是一顿毒打。哥哥慌了，拼命护着我，皮带一下下地抽打在他略显畸形的身体上，发出清脆的声音。我恐惧地躲在他的怀里一个劲儿流泪，他咬着牙一遍遍地重复："弟弟，你别哭，我不疼。"

他说谎，不然他的脸庞怎么会越来越苍白。

那是我人生里为数不多悲伤得快要窒息的时刻，往后想起胸口还是会一阵阵剧痛。我答应自己，这辈子都不能在他面前流泪。

周末我带他去公园里划船，去买五毛一根的冰棍，去杂货铺里喝汽水。他玩得不亦乐乎，常常被公园守门的大爷赶才肯回家。那时候的晚霞浓重得像化不开的颜料，把他的脸照得红彤彤。

步入青春期的我像一只刺猬，变得异常敏感。在光鲜亮丽的同学面前，我为有这样一个哥哥感到羞愧，便和他约定在外面不能唤我作弟弟，不然以后不带他出去玩儿。

一天中午，班上几个男生约我去网吧，手机恰好没电，便没有通知家人不回去吃饭。我们正在路上走着，我看到他在前方不远处惊喜地喊我弟弟，还传来了嘿嘿的傻笑声。我怔了怔，想快步离开。他急了，用极其怪异的姿势向我跑来，小伙伴像是看透了我那可怜的心事，笑嘻嘻地说："原来你还有这样一个哥哥啊？哈哈！"

我的脸像被火烧一样，冷冷地说："我不认识他！"说完，搭着他们的肩膀有说有笑地离开，把不知所措的哥哥留在原地。

玩游戏时我连着输了好几盘，心里觉得不安极了，没等游戏结束便跑回了家，找遍了屋子也没找着他。我满大街疯狂地寻找，一声一声地唤着他的名字，喊到嗓子都哑了。晚上八点多终于在公园里看到他，他蜷缩成一团。我还没开口，他便抢着说："弟弟，我错了，以后能不能不要不带我出来玩？"

他总是这样，把所有的错误往自己身上揽，因为他怕失去，他怕那些微不足道的幸福也被无情地没收，我却从没有问过他快不快乐。

而又有谁在乎过我的感受？我拼命汲取养分，拼命迎合别人的喜恶，最后还是与这个世界格格不入。那是我第一次觉得原来我们之间有那么多的共同之处。我们相互依存，却比谁都孤独，比谁都卑微。

上大学后，爸爸在工地上把别人打伤，被告上法庭，判了刑。这个所谓的家终于支离破碎，没有一丝值得留恋的地方。但我却有点儿庆幸爸爸被抓去坐牢，因为哥哥终于不用再挨他的打了。

人在深陷绝境时，最好的出路是没有退路。失去经济来源的我只能靠自己，我一天做两份兼职，白天努力听课刷题争取拿奖学金，深夜顶着黑眼圈给杂志社写稿子，每月挣来的钱一部分用来养活自己，另一部分寄给邻居，让他们帮忙照顾哥哥。

在很多个失眠的长夜里，我一边敲打着冰冷的键盘，一边哭着告诉自己："别哭，一切都会好起来的。"

5

大学毕业后，我放弃了高薪工作，在家附近当起了一名小学老师。

高三那段暗无天日的时光里，支撑着我走下来的动力是想着有多远走多远，彻底摆脱与这片土地所有的关系。命运兜兜转转，最后我又回到了原点，这个我曾经一秒也待不住的家成了唯一能给我安慰与温暖的地方。

每天下班回家的时候，哥哥都会坐在小板凳上兴奋地扭动他肥胖的身体，破旧的木凳发出吱呀吱呀的声音，他惊喜地说："快来快来，动画片要开始播了呢！"

一切恍如从前。

慢慢地，他再也蹲不下来，只能吃力地坐在沙发上等我。我带他去了一趟医院，医生说由于三十多年来疏于照顾，他的身体变得很虚弱，各项机能也出现了越来越多的毛病。我一言不发，把坐在长凳上呼呼大睡的他叫醒，骑着摩托把他带回家。

那天下午阳光太耀眼，不然怎么会把我的眼泪也晃了出来。坐在后座的他搂着我急切地说："弟弟，爸爸说开车不能太快哦！"

不哭不哭，我说过不能在他面前哭的。

他的身体越来越虚弱，意识越来越混乱，大冬天的他竟然一件件地脱衣服，我一边捡，他一边脱。有一年天气出奇的冷，他突然拉着我的手说让我带他去看海，我内心越来越不安，马上收拾东西，向朋友借了一辆车带他去看海。

他坐在后排不断地嚷嚷。那是他第一次看海，他的行为变得古怪，但这一刻我可以看到他眉眼中藏不住的快乐。

开了好长一段时间后，我们来到了一座海滨城市。路上行人寥寥，橘黄色的路灯把路面照得无比荒凉。他吵着闹着非要先去海滩，我便推着轮椅带他去。海平线忽明忽暗，潮湿的海风刮在裸露的脸上像刀子一样疼。凉风把他的棉帽掀开，他坐在轮椅上低着头一遍又一遍地重复："你骗人，这不是海。"

他的脸上写满了失望，眼里有我望不尽的忧伤。

那时候我听不懂他的意思，只能俯下身为他戴上棉帽。他的手变得越来越冰凉，我慌慌张张地提议带他回家，他却死死地攥着我的手，像用尽了所有的力气哭着对我说："我们能不能别走了……我……我舍不得。"

我用力地点了点头，用力到眼泪也不听话地流了下来。

那是他在这个世上和我说的最后一句话，没有温度，没有力气。后来想想，人生中最后悔的是那时候没有问你，你是舍不得那一片蓝色的海洋，还是舍不得我。

你知不知道我有多么不舍得你？

你怎么忍心把我一个人留在这个世界上？

你让我怎么坚强？

6

好几年过去了，我的房间里挂着一幅画，那是我为他整理遗物时在他的抽屉里发现的。我轻轻地打开，是那张幼儿园时我送他的画，上面有一片一望无际的海，一片绿色的海。

我忽然明白了那天为什么他说那不是海，因为从我把那幅粗制滥造的画送给他的那一刻起，他的世界里只有一片绿色的海。

大冰说："时间会把你欠下的对不起，变成还不起，又会把很多对不起，变成来不及。"

我始终来不及把这些年对他的所有的歉意一一表达，

把所有欠他的悉数归还。我只能祈求在另一个世界里的他，没有悲伤，也没有疼痛。

我不再想他，努力地活得像一个不动声色的大人。只是每次看见海的时候，思念总是不听话，总会想起那片寂静的海域，他像个孩子一样哭着对我说："我们能不能别走了……我……我舍不得……"

那一刻，他这辈子未流的眼泪都流了下来，汇成河流，最后汇聚成海洋。

一片绿色的海洋。

还记得那首歌吗，我的小女孩儿

Echo

　　宁宁是对门人家的小孙女，她的爸妈在广州工作。她一生下来，就留在这个小城镇里和爷爷奶奶一起生活。不过，她的爷爷奶奶都是不擅长交际的人，住在我们这栋楼里却几乎不跟邻居来往，平日也是铁门和木门双层紧闭。

　　宁宁因此也没什么玩伴儿。

　　我能跟她玩起来，是因为夏天天气太闷，她的爷爷把里层的木门打开，让空气对流。虽然铁门依然是紧锁着的，但是栏杆间隔很宽。宁宁很小，我只要蹲下身子，就可以在铁门下方的栏杆间同她玩儿。

　　依稀记得最开始跟她玩耍的时候，她的身高跟我蹲下的高度一样。我会捂住脸，然后又打开，喊一声"夹"，她就被我逗得咯咯地笑。后来我发现她很喜欢听门铃的声音，而那时候我的身高要按到她家门铃还是很吃力。但小孩儿的玩心总是战胜一切，我们的小游戏是，宁宁先跑进里屋，然后我假装是来找她的，一跃而起拍到她家的门铃，铃声一响，她就激动地从里屋冲出来，然后咯咯咯地笑个不停。

那时候的快乐多简单啊！我喜欢看她毫无修饰的笑靥，仿佛她银铃般的笑声一响起，整个世界都清脆了起来。

最让我印象深刻的是我们在一起唱歌的日子。那时候央视少儿频道正在热播一部关于恐龙的动画片，叫《奇奇颗颗历险记》。它的主题曲我特别喜欢，每次跟宁宁玩着玩着我就会不自觉地哼起来。在我的"熏陶"下，宁宁也很喜欢这首歌，要我教她唱。彼时的她大字还不识几个，也不理解歌词里唱的是什么意思，却认认真真地跟着我的口型和发音学唱。她是聪明的孩子，不久便记住了整首歌的旋律，也能跟着我大概唱出来歌词。

> 有繁星／在天空／忽现忽隐
> 有月影／在水面／漂流不定
> 我站在时光前／侧耳聆听
> 从远方传来了／呼呼的声音

现在的我每每想起那些傍晚，楼梯的墙被夕阳染成鹅黄色，空气如心情一般暖烘烘，清澈稚嫩的歌声在楼道里回荡，仿佛要在墙上绘出一片花园。

然而随着年龄的增长，我们之间开始有了距离。有一次我叫她跟我玩儿时，她说："姐姐，我想跟我同学通电话。"思绪万千，各种情绪倏地涌上心头，心酸的是我不再是她唯一的玩伴了；欣慰的是她长大了，开始有自己的小世界。

后来听大人们说，她爸爸妈妈要把她接去广州读书了。我一直在心里计算着到时要跟她好好道别，却不清楚她什么时候走。那天早上，她家来了很多人，从屋子里搬出大袋小袋的行李，我知道她要去广州了。可当时的我敏感而纠结，总觉得在大人面前表达自己的感情特别奇怪。于是我在房间里写着作业，却一心听着他们的动静。当我听见他们下楼的脚步声时，心扑通一下落了空，却在下一秒，听见了一声熟悉的呼唤——"姐姐！"

我立即扔下笔跑了出去，蹲到我家的铁门前。此时的她站在外面，已经是微微弯下腰才能跟我对视了。

她的脸还是那么无邪："姐姐，我要去广州了，再见！"

我认真地看着她胖胖的小脸儿和亮晶晶的双眸，认真地说："去了之后好好学习哦，再见！"

挥手道别后，目送着她消失在楼梯拐角处，我一起身，眼泪就掉了下来。

后来的春节，她都会回来。但不知怎么了，我们之间好像没办法再像从前那般亲近了。最近一次见到她，已经长得跟我差不多高了。她跟我讲她在广州的生活——开心与烦恼，我看着她初露少女神态的脸庞，往事如电影般一帧帧闪过。

　　我很想问问她："你还记得那首歌怎么唱吗，我的女孩儿？"

埋在时光隧道里的年少

小 白

收拾旧物时，翻出一摞又一摞的试卷、英语报纸，一张又一张的纸条，上面写满了鼓励自己的话。用掸子掸去灰尘，我才知晓，那一段岁月已是过往。

《左耳》里说，上帝作证我是个好女孩儿。可我却只能说，上帝作证我不是个坏女孩儿。

我不是个好女孩儿，因为我喜欢在数学课上发呆，在英语课上睡觉，把语文课本画得乱七八糟，或是在枕头底下藏几本小说……

刚上高一时，我只是想做个好班干部，谁承想后来换了班主任。有一次考试，我去查成绩，她居然从倒数那一列找。我的自尊心受到了强烈的打击。于是乎，竟然开始朝着学霸方向前进。当然，我也仅仅只改变了我英语不及格的局面。我妈常说我一天到晚吊儿郎当的，打也不行，骂也不行，偏偏激将法最适用。有一段时间，我十二分地怀疑，是我妈和老班联手挖了个坑，只有我这种傻乎乎的人才会往里跳。

说也奇怪，自从英语及格了后，物理与化学居然神了般也通往了及格的道路。各科老师见到我，都夸我最近乖了不少，上课也不用浪费粉笔头敲醒神游状态中的我了。看我极其不顺眼的老班，也说我懂事了不少。不过我还是翻白眼瞪她，我以前哪点不懂事了？明明是一直那么懂事。

同桌四喜用笔戳我一下，双眼充满疑惑又充满同情地望着我："失恋了，还是破产了？你上课居然和老师在同一频道。""是，姐姐是失恋了。人家看不上我，嫌我笨。"我在四喜耳边吼着。

其实，我倒不是失恋，我连个对象都没，失哪门子恋啊？

我有时也会想着高考，有时也会迷茫，会晕晕乎乎地过完一整天；有时也会很励志地在桌角写上某个想去的城市，某个想上的大学，然而过不久，又会被另一座城市或另一所大学取代。或许那个年纪的我们都曾迷茫过。

在我们尚不知高考二字的重量时，却已迎来了高三。它显得那么无奈。我们明明还没准备好，明明没有长一岁，却变得比高二时懂事那么多。四喜已经不会在早读上唱歌了，她曾经嗜歌如命。

班里同学之间仿佛有了无比的默契，从不提高考，可一切又不言而喻。反倒是老班，每天总要变着花样提起高考。

家有考生，老爸老妈都变得小心翼翼。老爸每周都变着花样做菜，生怕我营养跟不上。老妈也不唠叨了，反而时不时地鼓励我。以前每次考差，总要被骂半天，现在我的耳朵轻松了很多。

高三多的不仅是不言而喻的默契，还有隔三岔五的考试。以前看到不及格的物理试卷总想放弃，现在却有了越挫越勇的感觉。用四喜的话就是，打不死的小强。打不死的小强除了我，还有四喜自己，以前问题目被骂笨，决不去问第二次，现在对办公室比自己家还亲。为了那份模模糊糊的梦，渐渐地我们都有了一种执着。

尽管我的时间不够用，我还是坚持每周上网。因为QQ的那一头有我亲爱的姐姐，我向她倾诉这一切，她从不会骂我。我告诉她我可能喜欢上一个男生时，她会笑着说，我亲爱的细细终于长大了。我告诉她我很迷茫，没有梦想，我亲爱的姐姐说，青春本就是迷茫，谁也没有清楚的梦，朝着自己想去的远方努力就好。面对我乱七八糟的问题，姐姐从来不发火，还会笑笑说，还是个孩子，怎么突然就像个大人一样？

我的姐姐是我们整个家庭的骄傲，是我们这些弟弟妹妹奋斗的榜样。在我看来一道不知所云的题目，她都可以眼都不眨一下就写出答案来；在我看来只能想想看的复旦，她随意发挥发挥，就是囊中物。当我还在与数学大战，与物理斗法，她已经远在加拿大。我妈经常说姐妹两个怎么就差别这么大呢。这只能怪我笨，要不还能怪些什么？

百日宣誓会一过，日子过得尤其快。尽管不想，尽管不愿，它还是来了。

六月三号，在校的最后一天。

最后一节自习结束，大家久久不愿离去，对着老班深深地鞠躬。老班红着眼眶，哽咽着说不出话，只是挥挥手让我们离去。第一次觉得老班那么可爱。

晚上，四喜死活都要跟我睡，说是以后恐怕就没有机会了。我紧紧地搂着她，这个我看作妹妹一样的同桌。

六月八号，我结束最后一场考试。

那天，天很蓝。

迷路小孩儿，该被世界温柔相待

亦青舒

　　"喂，沈清言，快来接我。"其实也没有什么大事，我不过是很容易迷路而已。但身为一个资深的清高女，从我爹那里继承的傲娇基因又频频作祟，令我确实难以接受这个事实。不止一次，我都想要努力解印体内的学霸之血，用我的智商恶狠狠地杀出一条血路来；我幻想自己是披荆斩棘头戴王冠的寻路小公主，能有一天让那些围在我身边十几年认定我这辈子就是一个路痴的人大跌眼镜，然后重新审视他们眼前的这个女生。

　　只是有点儿可惜，这个梦想，一次也没有实现过。我仍旧频频迷路，大街小巷，熙攘人潮，如此种种。每次迷路都有似曾相识之感，然后苦苦挣扎，左右奔走，异常倔强地不肯掏出兜里的手机，直到最后精疲力竭，腿软如酥，默默待在墙角里，在激烈的心理斗争以后，把手机掏出来，按下号码。

"喂，沈清言，快来接我。"

然后沈少爷就会在我埋头数到某个数字的时候忽然出现，他的声音总是千篇一律地清冽又得意："起来吧。我们走了。"然后我抬头，怔怔地盯住他看，夏天是白色短袖冬天是深色外套，眉毛英挺的脸上写满张扬得意。次次如此。

进鹭中是我父亲的决定，这座重点高中除了有傲人的师资力量，还有漂亮的宿舍楼群，以及足以媲美封闭式寄宿高中的宿食条件。而我想，吸引我爸爸的，当然是后面两点。

爸爸和妈妈离婚那年，我尚在襁褓，他们之间有什么牵扯，我来不及了解。他们大概是世界上最不考虑子女感受的父母了，在未经我同意的时候，推搡着一无所知的我来到这个世界，而在我懵懵懂懂尚未明白这个世界究竟是什么模样的时候，又任性宣告了他们的和平分手。我看过妈妈的照片，皮肤白皙，眼神明亮，看起来实在是向往自由的女子。爸爸说她是摄影师，离婚之时说她要去环游世界，不愿有所羁绊。

我觉得好笑，一个能够环游世界的妈妈，实在是不该有一个路痴女儿。

至于爸爸，他是单身多年的英俊男子，有着颇为不错

埋在时光隧道里的年少

的经济收入和社会地位。我自然明白他把我送到这类半寄宿式高中的原因。拖着我的行李箱时，我还能微笑礼貌地对着家里那个年轻阿姨轻声道别。我是如此心知肚明、清醒自知地活了十六年，时时提醒自己不要给这个男人和女人带来麻烦。他们只是负责把我带到这个世界上，而剩下的路，我只能自己走。

也许是因为这样，我性格偏冷，言语之中总是带着拒人于千里之外的客气和疏离。再加上从小到大，如同一只候鸟迁徙一般地居无定所，我没有固定的朋友、固定的学校、固定的感情。我已经习惯在各种各样的城市迷路，茫茫然地望着车水马龙，川流不息，偶尔甚至就在街头坐到华灯初上的时分，看着城市里的万家灯火。

没有一盏属于我。

在鹭中的第一天，我自然而然地在这个占地近一千亩的高中迷路了。关键在于我是如此路痴而不自知，一个人拿着地图陶醉于自己给自己勾勒的路线和蓝图之中。直到一个穿着淡蓝色衬衫的男生皱着眉头拦下我，"你迷路了吧？"他皱眉的样子真好看。我怔怔地看着他，想了想才不服气地说："不可能。"他嘴角露出讥讽的笑："那你就是故意在这里绕来绕去看我的喽？"我被气笑了，后退一步，微微扬起头，盯住他："同学你是长得不错，可是我觉得帅的最高境界，是帅而不自知的那种。自恋容易给长相打折扣，可能我需要重新评估你的颜值了。"他一把抽走我的地图，凝神看了我足足三秒钟，然后长叹一口气："我不和路痴计较，你要去哪儿？我带你吧。"

这个男生就是沈清言。我没想到他原来和我同班，竟然还恰好坐在我后桌。他把我带到一班教室里，站在门口打了个报告。班里的班主任见过我，看见我和沈清言站在一起，竟如释重负："赶紧进来赶紧进来，你要是再没来，我就得打电话去保安处让他们去找人了。"我愣愣地看了一眼沈清言，他笑得礼貌又腹黑："新同学在老校区迷路了，我也是恰好看到，就给领回来了。"

"领回来？"我还没来得及领略这个词的奇葩含义，班里就已经笑翻了一群人。估计这个沈清言在班里人气颇高。我一时来不及回嘴，只能先忍下一口气，狠狠地瞪了他一眼。他一副怡然自得的神情，自顾自地走回他的位子，坐定之后，又拍拍他前面的空位："来，坐。"这回连班主任都一起笑了，在全班足以掀翻屋顶的笑声和起哄声中，我红着脸，竟也鬼使神差地走了过去。

我坐下之后，回头盯住沈清言，又用了那种招牌式的戏谑微笑：色。他一本正经地在看一本物理习题集，听闻此话，抬头看着我也没有回答。我只是心存报复想开个玩笑，没想到弄巧成拙搞得如此尴尬，忙转身回头心里暗骂自己也是疯了，居然和一个认识不到三十分钟的人开这种无聊玩笑。

他的声音从后面传过来，仿佛是我的错觉，否则为什么听起来如此温柔。

"对啊。我就是喜欢你。"

后来那个笑话其实是不了了之的，前后左右谁也没有听到，我看着同桌女生坦然自若的表情认定自己绝对也是幻听了。不过日子一天天过去，和沈清言的交集倒也避无可避，何况他是那么爱开玩笑的人，身上仿佛随时揣着调戏女生的三十二般法宝，随用随拿地哄着女孩子开心。鹭中自然不乏优秀男生，成绩出类拔萃，家境优渥可观，但沈清言是难得的集众之大成者，校篮球队的种子号，广播电台的声线温和好听的男主播，年级大榜上常年雄踞前十名的学霸男神，他似乎什么都能做得如此漂亮。

我不是没看过他抽屉里露出一角的粉色信封，不是没有不小心撞见过在楼梯拐角告白被拒的红脸女生，可是我就是不觉得沈清言算哪门子理想男友。在我这个路痴眼里，沈清言或许在带我逛街和教我做物理题的时候，都算是靠谱的向导，可是在感情上，他绝对是一个当之无愧的误导者。眼神、微笑，或者不经意之间的一句话，都能够成为一个方向，然后那些被爱情蒙蔽双眼的女孩儿就前仆后继地成为扑火的飞蛾。沈清言太像一盏明亮灯火了，他明明什么都没有做，却能如此轻而易举地坐拥那些女孩儿的珍贵心意。

谁说我没有动过心呢。沈清言在这座陌生城市里给我的照顾，远远多于这十六年来任何一个朋友。他带我去户部巷吃遍一条街的风味小吃，他带我去长江大桥看江滩如同皑皑白雪的芦苇，他骑着单车带着我在这个城市大街小巷地逛来逛去。我走在他身后，觉得自己从未有过如此厚重的安全感。不用害怕迷路，也不用忍受那种无孔不入的孤独感在无人时分侵袭而来的钝痛。校园里面，在沈清言的帮助下，我已经把各个教学区走得很熟。他甚至画了所谓的"沈氏地图"，戏谑地说是专门为我这种路痴少女精心打造的。我展开来，望见他用好看的小楷标注着各条小路和建筑。心里蓦地一暖，我看着他，常常说不出话来。

　　或者说，常常在我想说什么话时，他又一转身去和别的女生嬉笑打骂了，留给我一个"沈少爷的不羁背影"。我就默默地把想说的话咽进去，花半天才能努力地消化干净。然后沈清言又会非常欠揍地凑过脸来："我做了这么多你什么时候做我女朋友啊？"我总是非常无奈地歪着头看着他，然后埋头做着自己的练习。他深谙见好就收的道理，又坐在我身后戳戳我的背："那么冰淇淋总要请吧。下课等我。"

　　我那个时候就明白了，沈清言是太阳，太阳不能只是一个人的太阳。可能他和我那个想要环游世界的妈妈一样，心有河海，不似凡俗。他们这类人，大抵是不能够成为一个固定长久的坐标，如果谁要自讨苦吃，非拿他们作

135

为自己的原点，那么结果，可能会比在一个陌生城市迷路还要惨得多。毕竟感情里的迷途不知返，付出的代价，是不可想象的。这一点，单是看我那由痴情汉变成不羁浪子的爸爸就知道了。

周末回家的晚上，我看见爸爸在客厅里喝得大醉，年轻阿姨不知去向。我走过去想扶他起来，听见他喊着我妈妈的名字，泣不成声。我望着爸爸，就明白了这些年，他走在一条迷途之上，从未清醒过。

但是也许，他根本不想清醒。错误的方向里，曾有过那意料之外的好风景，他不愿再回头了。我默默地坐在沙发里，想起沈清言的淡蓝色衬衫，坐在他单车后面闻见的好闻的清香，他在篮球场上听见我喊他时回头的那一瞬的明亮微笑。我知道自己也许也走在一条错路上，但是无论如何，我不能否认，这条路上的风景，实在是好极了。

爸爸在这座城市留的时间最为长久，我顺利地从高一读到了高三。也许就连我那超然脱俗的爸爸也知道世界上有种东西叫作高考，因此高三那年他决定拒绝一个工作调动，陪我留在这座城市里直到高考结束。我和沈清言的关系，就那么一直不咸不淡地停留在某个微妙的阶段。他三年没有交正式的女朋友，告白的那些女生换了一拨又一拨，其中不乏佼佼者，只是没有成功突围上位的妹子。

毕业典礼结束之后，班里有一个小小的聚会，大家坐在一起，喝酒聊天。大家议论起此事，沈清言漫不经心，说自己初中恋爱谈得太累，高中索性歇歇也是不错的。我没有理他，坐在角落里安安静静地吃着枣泥小蛋糕。他瞟我一眼，打趣道："主要是照顾路痴女实在是太累啊，没别的精力了。"我只是笑，不知道要说什么。高考结束之后，爸爸决定离开这个南方城市去S市，希望我的志愿填报里有一所当地的大学。而沈清言自打考试结束之后就扬言自己一定是学校状元。我默默地喝着闺密调的奇怪味道的鸡尾酒，只觉得心里也是五味杂陈，想着想着竟头痛欲裂。嘈杂的包厢里不知是谁声嘶力竭地唱着一首情歌，我遥遥地望着被人群围住的沈清言，只知道这次是真的要认真道别了。过去的那些场景历历在目，好似幻灯片一帧一帧地在脑海里投放。

下雨那次，我被困在学校的竹林长廊里，是沈清言带了雨伞过来接我回去的吧；物理考67分那次，偷偷把卷子藏起来，是沈清言从书包里翻出来给我讲完的吧；我每次在食堂吃完饭，总爱拖着闺密去行政楼那边的天台上，因为那边看篮球场的视角永远是最好的，我总是撒谎说，是因为那边日落最好看。沈清言在广播站当主播，我偷偷顶了他的编辑的活儿，替他改了三年的稿子。

那些他不知道的事情，那些他不曾了解过的心情，就这样在日复一日地半开玩笑半认真的打闹里深藏于时间的某个秘密隧道里了。这段感情里，我走在迷途上，看完了一路的好风景。我切切实实地被温暖过，这个城市，曾出现过这么一个少年，轻而易举地，为我的青春指了一个绮丽的方向。但是现在，我们要道别了。

忽然就不愿再想下去。我端起水晶玻璃盏，一饮而尽。

高考分数还没有出，爸爸已经准备带我离开了。坐在飞机上的时候，我看着柔软云层和瓦蓝的天空，觉得自己算是踏上了一段新的旅程。我不知道我还会不会迷路，不知道那个少年，还会不会替另一个女孩子画"沈氏地图"，想着想着，我就睡着了。

我没有想到下了飞机，我们第一个见到的人会是我床头相框里的那个女人。

对。她就是我妈妈。虽然十八年过去之后她没能青春永驻，但是那双眼睛里的明亮眼神，我知道我不会认错。我吃惊地望着爸爸，他微笑着，那副对一切都了然于心的神情让我明白了很多。我微笑着看着他们拥抱，机场嘈杂，来来往往那么多人，可是我眼里，世界只剩下了他们两个人。

十八年可能不够妈妈环游世界，但是却足够让她明白世界的原点和中心在哪里。

我忽然觉得可能迷路的不是我那喝醉的爸爸了。爱情里兜兜转转回到正确方向的，是我曾经有环游世界梦想的妈妈才对啊。

我也没有想到我最后会在S大看见沈清言。他还是穿淡蓝色的衬衫，远远地就看见他在校门口和金发碧眼的美女聊天。我目瞪口呆地拖着行李箱站在原地，他看见了我，和美女说了句什么，就朝我走来。

"本来想等你迷路再出现施以援手顺带嘲笑你的。"他站在我面前，嘴角带着笑，"后来觉得也是不忍心。觉得欺负路痴少女也是蛮没有道义的。"我愣着还没有恢复智商，不知道如何无懈可击地反驳。只是怔怔地看着他。

"居然真的变傻了。"沈清言伸手摸了摸我的头，然后一脸严肃地说，"好吧，本来对于你的种种恶行我是很生气的。喂，我说大小姐你可以啊，我等了三年你不跟我表白也就算了，后来我就要表白了结果你不吭一声飞走了。你一个路痴到处乱跑真的合适吗？"

我被气笑了。沈清言左手接过我的行李箱，右手牵起我："本来我是想晚点儿来看看你迷路的蠢样子的，只是我担心那么大一个S大，估计也有天生在认路方面上有惊人智商的少年，又好巧不巧地喜欢这种路痴少女。所以还是谨慎行事比较好。毕竟我可是用状元的分填了这个S大的。"

我顿住，后退一步，轻轻扬起头，眼睛红红的："沈清言你是不是喜欢我啊？"

他笑，认认真真地盯着我，他的声音如此温柔，但这一次我不是在幻听了。

他说，你说呢。

捧一盏烛，若还未迟

捧一盏烛，若还未迟

夕小白

姥爷走了，这是四月份的事，而我知道这个消息却在七月。四月的那天下午，我头疼得如同要炸开，远在南方的我拨通了母亲的电话，她让我吃了药休息一下便匆匆挂了电话，三个月以后，我才知道姥爷正是那天下午走的。

我和母亲那天都觉得头疼，大概是我和姥爷产生了心灵感应。

2016年的新年，我尝试着走进姥爷的内心，以前不怎么亲近孩子的姥爷，在正月初三那天拉着我说了很多，我和他约定，让他多晒太阳，放宽心，等我暑假回来再陪他聊天。我带着约定回来，赴约的人却再也不会来。

我和我爸说，姥爷走了，我最不遗憾的是，过年的时候我陪了他一个下午和晚上，聊了许多他不曾和其他孙辈讲过的话；最遗憾的是，没能再多陪陪他。

姥爷的身体最先坏掉的零件就是腿。他把五个孩子先后送进学校，看着子女们过上了好日子以后，他的右腿就如一根死木，靠着左腿和拐杖拖着，勉强挪动。进入2016年，姥爷的精神状态更是每况愈下，他变得多疑、易怒，动不动就冲着姥姥喊叫。我三月份刚回学校，母亲和我说，姥爷有些抑郁，导致他的耳朵听不见了。

三月的一个周末，我在一家咖啡厅码字，坐在很角落的位置。那是我第一次给姥爷写文章，我想起了幼儿园时，姥爷给我做的一碗鸡蛋羹，因为加了葱花，我只吃了几口便往桌子中间一推；想起姥爷肥大的白汗衫，想起给姥爷买裤子总要买尺码最大的；想起他肥而细腻的脚，想起他爬满皱纹宽厚的手掌。写到最后，我压抑着情绪，给母亲发了条短信，叮嘱她一定要每个周末都回去看看姥爷，多陪他说说话，并转达我对姥爷的想念。

寻找和一个人有关的记忆，大多是由很多细节拼凑起来的，很多许久没有拎出来的小事，你以为忘记了，却从很多犄角旮旯处跳出来，提醒着，你和一个人曾经有这么多温情的瞬间，就像我都忘了我帮姥爷穿过袜子这样的小事儿。

姥爷一直怕被人遗弃，一直怕自己瘫痪在床上，他也一直把他的怕挂在嘴上。无论是女儿们三番五次地开导，还是孙辈为他宽心，这个坎儿他终究没有迈过去。听母亲说，姥爷在临走前又摔倒了，一直到走都再也没下地。

　　得知这个消息的几天来，我一想起姥爷，想到的都是遗憾，都是懊悔还没来得及做什么，以至于一想起他，我的眼泪就如同决了堤。三个月，或许间隔的时间很长，但是悲痛并没有减轻，姥爷，天堂不再有病痛，愿你与天使同样健步如飞，丢开拴了你半辈子的病腿。

　　捧着一盏烛，放在记忆的深处，照亮那些与你有关的记忆，不会舍弃，终将再见。

让我成为你的盔甲，护你一世常安

朱瑞琴

很抱歉，是我太不懂事

"可是可是，你有考虑过我的感受吗？每天在宿舍，舍友们都在玩手机，就我一个人在看书！连班长一星期都会上几次QQ！班主任有什么事都在群里宣布，我却什么事都不知道！你知道每次看见别人在玩手机而我却格格不入的时候，我有多恨你吗！"我捏着不到巴掌大的诺基亚咬牙切齿地朝着电话那边的你吼道。

已经记不清这是第几次了，但是每次一看到别人都有触屏手机，而我只有一只娇小难看而又不能上网的诺基亚，我就会忍不住想打电话跟你讨要新手机。

你的耐心终于在我第N次打电话跟你聊起什么时候要

买新手机的时候消失殆尽。大吵一架后几星期都没给你打电话，周末也没回你打工租住的小屋。你也没主动跟我和好。

直到今天，我又委婉地表达了要手机的企图。你一听又炸毛了，开始噼里啪啦数落我的种种不是。我一听也十分不爽，于是就有了文章开头的那一幕。

"好，翅膀硬了对吧？我管不了你了！你要手机对吧？那好，周末来我这儿，来拿手机！以后有什么事都不用找我了，反正你也不把我当你妈看！"你也是生气到了极点，吼着吼着竟好似要哭出来。

也许母女连心吧，每次看到你哭，我也会哭。这次听到你略带哭腔的声音，我鼻子也忍不住泛酸。

我的声音渐渐低下去："要不，我不要了。"

你既无奈又心酸："不要是吧，现在由不得你了！手机拿了也好，省得每星期都打电话来气我一回！你们父女都一个样，是看我胖想要把我气瘦是吧？我看要是哪天把我气死了你找谁哭去！"

我沉默了很久，想要开口却发现有什么堵住了喉咙。你说完这些话也沉默了。

终于，你疲惫的声音从耳边响起："好了，我累了，想要静会儿。"而后是冰冷的嘟嘟声。

我想要看一下时间，把手机举到眼前时却在已经暗掉了的屏幕里看到了泪流满面的自己。

对不起，我不是故意要惹你生气的，我也想听你的话，可是不知道为什么做什么事都是适得其反。

她女儿像是她几辈子的仇人

实话说吧，我小时候对你的形象很不满，觉得你就像我看的第一本童话里的狠毒的后母一样，恶毒又残忍。

这并不是无缘由的，小时候我们是每天几小吵，三天一大吵，五天一大打。有时我的惨叫声引得邻居纷纷侧目，看见你一脸我欠你几百万的样子拿着一把捆在一起的竹条对着我嫩白的腿狠狠地抽了一下又一下。

有时你打完我就指挥我去做这做那，路过邻居家时她会关心我几句，听完我略带哭腔地指责你的种种不是后，她总会说，作孽哟，怎么有这样的母亲。每当这时候我也会觉得特别委屈，对啊，我怎么有你这样的母亲？

其实我对我们每天吵架也感到很厌烦，也不是没有想过改变。只是，我似乎做什么都会让你生气。

我真不知道我是怎么和你十数年如一日相处下来的，也许是习惯了吧。

天下哪有不爱孩子的母亲啊

这段时间里有一件微不足道的小事我记得最清楚，时至今日想起来还是忍不住鼻子发酸。

那天晚上，你要和我一起睡。睡到半夜迷迷糊糊被你摇晃醒，一睁开眼睛，就看到你惊慌失措的脸在我眼前不停地晃啊晃。

你着急地盯着我旁边，我也疑惑地看过去，没什么啊！继而你又摸摸我的额头，又摸摸我的胸口。我十分疑惑地看着你。

你仍然很惊慌："你的手脚怎么那么冰冷？我刚才无意间碰到你，真是吓到我了，你被子也有盖，为什么到半夜手脚还是很冰冷呢？"

弄清楚真相的我很无奈，又感到好笑："我本来就是这样的，天气冷的时候无论盖多厚的被子也会手脚冰冷的。没什么可大惊小怪的。"

你既无奈又心疼，也许是在为不了解我而自责吧。你沉默了一下，说："那你的脚伸过来放我双腿间吧，这样比较容易暖。"

果然脚伸过去没一会儿就暖和起来，伴着这份暖我跌入更深沉的梦里。

就让我成为你的盔甲，护你一世常安

你也不是没有过委屈。

我曾听你在茶余饭后说过，某天你用刚发的工资去买菜，刚给摊贩递过钱，她便大声嚷嚷说你这是假钱！

你一脸不可置信地同摊贩说："这怎么可能，这是我刚发的工资！"摊贩以为你见事情败露想要找借口，便话里带刺地说："你见过老板发工资用假钱的吗？"

你急得不知道怎么办才好，把包包里的钱都拿出来，竟然还有五六张假的。摊贩见你这样子，才相信了你。还善意地说了句，大妹子，这世道什么事都有，你可要小心啊……

更让我生气的，也是不久前发生的事。

我和你出去买我的过年衣服。闲逛时看到了一间卖你那个年纪穿的衣服的服装店。你拉着我走了进去，一脸兴奋地说2017年是你的本命年，要买件红色的大衣穿。

在你试了多件衣服我频频摇头后，你问正在玩儿手机的龅牙女人："你说哪件衣服显瘦？"

那龅牙女人上上下下打量了你一番后，嘲讽地说："你这身材，穿什么都胖，就算是显瘦的你穿了也没用！"

你本来还兴奋地拿着几件衣服对着镜子里的自己比画，一听这话脸都绿了，我面色不善地送了龅牙女几对"卫生球"，拉着你出去，还大声说："走，这家衣服好难看啊！"

龅牙女耳朵挺灵，我们走了几步后，听见她在后面大声说："胖子穿什么都显胖！到哪买衣服都一样！"

你一言不发地快速走开，之后不管路过什么样的服装店，你也不会将多余的目光在上面流连。

我的心里却翻江倒海般难受。

都是我不够好，让你受尽委屈。

但愿我长大了，能够成为你的盔甲，护你一世常安。

我这辈子唯一的男神

不知所芸

如果要我这辈子只能有一个男神，那这个男神一定是我爸。

我高中之前从未住过校，所以我对离家久远这事儿并没有什么概念。但如今在外读书，兴许是离家久了，总是容易触景伤情，总是容易想起以前的很多事情。

我想全天下的父母疼爱自己子女的方式都差不多。我们中国传统文化崇尚含蓄内敛，难以像外国人一般亲吻脸颊再来句"宝贝我爱你"，所以，父母干脆给你一张红色的大钞，告诉你："爱买什么就去买吧，尽情挥霍吧！"

于是在我爸出差经过广州时，我拖着我爸这个移动的人肉提款机，在学校附近的零食店里一件件地收购我心仪已久的零食。

转战超市，我在冰柜挑选着哪种酸奶是我更喜欢的口味，我爸在对比他更喜欢哪种口感的啤酒。等我挑选完，我爸还在纠结，最后他挑了一罐平常爱喝的"纯生"。我看了下价格，不过是那些啤酒中的"平民阶级"，而我手中这瓶可以算是酸奶中的"贵族"了。

买了喝的总得来点儿吃的，我在挑薯片，我爸挑牛肉干。他一边碎碎念说这种牛肉干都是筋不好吃，一边又嫌弃烤出来的牛肉干怎么会那么贵。我在一旁煽风点火："反正老妈不在，趁这个机会好好犒劳自己啦！"

我爸没有回应我，眼神在那些标价较高的牛肉干里流连了一圈之后，伸手拿了一包打折后才九块九的牛肉干，小声地自我安慰说，只是拿来下酒而已，便走开了。那包黄瓜味的乐事薯片，被我默默地放回到货架上。

转悠着到了麦片、早餐粥的专区，我一眼瞄到了总打广告的养胃米稀，于是我开玩笑地来了一句："买来给老妈。"

我妈妈的胃总不好，我也心心念念了许久，想买给她，但无论是网上或实体店的价格都太不亲民，我只能放弃。

我爸当真了，说了句好，便不顾那九十八元一盒的标价，一出手就是两盒。也就三十条粉，两盒总价近两百元，我想想都有点儿肉疼。

但我爸倒是一副毫不介意的模样，一边逛超市，一边问我这个要吗，那个要吗。那两盒米稀已然把我吓到，我怎敢继续挑，于是拉起我爸排队结账去了。

　　或许每个家庭都大同小异吧，爸爸花钱大手大脚，于是妈妈负责掌控经济命脉。好不容易爸爸有点儿小钱了，看到家里人喜欢的东西，第一反应就是："喜欢就买吧。我一个糙老爷们，紧巴着也可以过日子，但决不能让你们受一点儿委屈。"

　　我一直坚信，孩子的安全感大多都是从父亲那里得到的，若缺失了父爱，便容易缺乏安全感。

　　蓦地想起，有天晚餐时，全家围坐在一起看由东野圭吾所著的《彷徨之刃》改编的电影。电影讲述了一个与女儿相依为命的父亲，在女儿被两个男孩儿凌虐杀害后，为复仇而成为被警方通缉的杀人犯的故事。

　　电影临近尾声，影片中的父亲拿着枪与剩下的男孩儿、警察周旋。最后以父亲向男孩儿发射一颗空弹，警察开枪杀死了父亲结尾，父亲的复仇之路到此也结束了。

　　这部电影让我感触颇多，但比起感慨有时让人无能为力的法律证据和无所适从的良心，我更感慨于我爸在电影中三方对峙时说的那句："要我就一枪毙了这个男的，哪来那么多的废话！"

　　就是这霸气的一句，让我明白，这个男神会是我这一生最稳的靠山。

我很想当一个让你骄傲的姐姐

九 人

　　我知道，虽然我已经三令五申不许你私自动我的书架，你还是会时不时偷偷来拿小说去看，所以如果有一天你不巧看到了这篇文章，一定不要太惊讶。我正在努力成为一个能让你感到骄傲的姐姐，比如说，在杂志上发表文章，而文章内容是关于你的。

　　客厅墙壁上记录你身高的那排蚯蚓一样的线条上蹿的幅度越来越大，似乎不久前你还只有我一半的高度，我若是故意把什么东西举高的话你踮着脚尖也抢不到。你还记得小时候我总讲来哄你睡觉的故事吗？有个叫作彼得的人有一颗魔豆，魔豆种下去后豆藤"咻"地就能长到云层之上很高很高的地方，对我来说，你就像那颗带有魔法的神奇豆子，呼啦啦地就变成了手长脚长的大男孩儿，很快就要比我高了呢。不过吧，就算你长得比我高，我也还是你的姐姐，至于什么让我改口叫你哥哥的事，你自己私下想想就算了，如果再在我面前提起的话，我就要趁着你现在还打不过我，狠狠地扁你一顿。

我一直以来都不是一个称职的姐姐，缺心眼儿和劣根性似乎很早就注定了，因为据说在你还只会吃喝拉撒睡和哭的时候，我就曾和小伙伴打闹着爬到床上瞎蹦跶，如果老妈再晚进房间一秒，你很可能就会被我一脚踩成残废。所以如果大难不死必有后福的说法准确可信的话，你将来一定会是一个有福之人，嗯，不用谢我。

我那时啊，觉得你的样子真是丑得不得了，软趴趴又皱巴巴的，爱哭得不行。偏偏每一个来看你的人都要说你和我长得真像，郁闷得我照镜子的次数都比平常翻上一番，哈哈，换作现在老妈肯定要怀疑我是谈恋爱了。

我其实很讨厌那些大人们一遍遍地对我说："九九你要有个姐姐的样子。"好像多了个弟弟我就会变成女超人不再是小孩子一样。我也很讨厌班上的男同学们调侃我："九九你一个女孩子怎么也和我们一样有小弟弟？"实在是很尴尬又无奈。那时我还不懂得用"天将降大任于是人也，必先苦其心志，劳其筋骨，饿其体肤"来进行自我安慰，所以你之于我，一开始真的是很单纯的一个大灾难。

在我还没办法把"小时不识月，呼作白玉盘"完整地咬字清楚地背下来时，在我算十以内的加减法还需要掰着手指头一遍遍数时，在我扎不好自己的羊角辫弄得歪歪扭扭乱糟糟时，我是特别想要一个哥哥的，一个无所不能的哥哥，而不是像小豆包一样需要被照顾的弟弟。可你那么不懂得察言观色，明明我的神色是满满的不耐烦，你依然蹬着学步车一路叮叮当当地跑过来，咿咿呀呀地冲我喊着只有你自己能听懂的话，笑得淡粉色的牙龈都露出来了。

后来你开始长牙齿，瞅到机会就张嘴咬我胳膊，那大概是我难得好脾气的阶段，没有在你咬下来时立马一巴掌盖过去或者反嘴咬回去，会让你一直咬到自己松口为止。现在想来，虽然我一直觉得我们俩是水火不相容的，但是那时我就已经不讨厌你了吧。我是闷骚的摩羯座，别别扭扭什么都不肯承认，但是血浓于水的亲情啊，从来就没有那么容易被割裂。

老妈经常带点儿吃醋的语气说你对我要更为亲近些，比如说她带你出去买零食，你会要求给姐姐也买一份，却从来不问老爸老妈是否需要。我说你是怕只买一份的话回家之后零食会被我抢走，你在旁边笑嘻嘻地不置可否，老妈倒是嗔了我一句"狗咬吕洞宾"。

你替我背过多少个黑锅，数目庞大到我自己都记不清了，忽悠你在老妈心情欠佳的时候去开电视，偷吃完零食把账赖在你的头上，甚至我砸坏的台灯丢失的书本，统统莫名其妙地和你扯上千丝万缕的联系。"爸爸妈妈如果问，你就说是你做的哦，我改天买糖给你吃。"这样的话我不知道和你说过几次，你回回都相信，我却记得那口头承诺兑现的次数实在屈指可数。

　　有一段时间你特别黏我，双休日的时候老妈就放心地把你放在家里让我带，可我为了出门和小伙伴跳皮筋，连哄带骗地用一条塑料绳把你拴在了阳台上。等到我终于玩够了回家时，你尿湿了裤子蜷在地上睡着，我走过去解绳子，你醒过来一看到我就开始号啕大哭，那大概是我人生中第一次体会到心疼的感觉吧。现在想起来我依然忍不住红了眼眶，为了那时你的委屈，也为了那时我自己的无知。

　　我高中时早恋的事没有瞒你，出门约会还时常带上你好打掩护，你偶尔在和我吵嘴的时候会威胁我要去告密，可是你和我闹得再天翻地覆，最后还是会替我守口如瓶。再后来我失恋，你跟个小大人似的安慰我说："我一开始就看你男朋友不怎么样，之前顾及你的面子不好告诉你而已，不就个渣渣嘛，喏，肩膀借你哭。"你故意挤眉弄眼语调夸张，我扑哧就笑出声来，那时候忽然觉得，我真是特别特别不关心你啊，你都已经变成一个有担当的小男子汉了我居然还把你当成小屁孩儿看，所谓失恋带来的负面情绪又算什么呢。

　　我让你帮我写作业，教你学会查阅参考答案，带你一起通宵打游戏看小说，你偷偷告诉我你有喜欢的女孩子，我第二天就向老妈检举……你会埋怨我告密，会鄙视我偷懒却从来不会记仇，不得不说你是一个很乖很懂事的弟弟，然而请原谅我始终不务正业，没有给你做一个好榜样。但是这并不能阻挡我的决心，我真的很想成为一个能让你骄傲的姐姐，比真的还要真的，比很想还要想。

你看啊，我已经洗手做羹汤，也学着拖地煮饭洗衣了，即使老妈出远门也能让你过得舒舒坦坦。我都计划好了，要好好地写稿存钱，等来年暑假带着你一起云游四海，领你玩遍游乐场里所有的项目，陪你在电影院抱着爆米花完整地看完一部你喜欢的动画片，给你买棒棒的飞机模型和帅气的山地自行车。

我好像已经想不起讨厌你是什么样的心情了，真奇怪当初为什么会讨厌你呀。就算你分走了爸妈一半的宠爱，却补偿给了我一整份的关心。

喏，小家伙，看完这篇文章就不要找我交流读后感了，毕竟你家姐姐我也是会恼羞成怒的。而那样的话，大概你的屁屁会痛吧。

别怕，我一直都在你身后

巧笑倩兮

　　一直很讨厌煽情的、励志的心灵鸡汤，可当千里之外的父亲在电话里对我说"别害怕，我一直都在你身后"的时候，我还是没出息地哭了。这么多年，我一直习惯自己一人在外求学漂泊，自己为自己打拼。可每一次，只要我遇到困难，都会第一个打电话给他，就算有天大的委屈，他三言两语就能化解。就像小时候，他给我一块奶糖，我就能破涕为笑那么简单。

　　父亲节临近的那几天，筷子兄弟的一首《父亲》各种刷屏，广播里各类电台的DJ一边播放这首歌一边煽情到流泪。也许是我们都不善言谈，所以要借着各个平台将我们对他们的爱都说出来吧。

　　尤其是那句"时光时光慢些吧，不要再让你变老了"让听的人就像五脏六腑都被塞进了柠檬，各种眼底潮湿、胃里发酸。

小时候，父亲在我眼里的形象无比高大，就像是一个无所不能的超人，随便一件事儿，无论我觉得多难办，他只是宽慰我让我好好睡一觉，第二天一早事情就能圆满解决。他的笑容让我觉得安全，有一种从内而外的幸福感。

可是逐渐长大的自己，却总是因为这样那样鸡毛蒜皮的小事儿跟他吵架，对身在老家的父母越来越没有耐心，随便一句就能掐起来。我嫌弃他们问得多，管得多，嫌弃他专制独裁，对女儿家都严苛管教，上了初中就不允许再穿裙子，不能跟男生同桌……

从小被管到大，终于有点儿反抗能力的时候，就觉得他们浑身都是缺点，浑身都是局限，各种看不顺眼，偏激至此，让妹妹和弟弟实在看不下去。他们一次又一次地提醒说："姐，对爸爸他们好点儿，他们老了。"一个"老"字，让我想起了春晚王铮亮那首《时间都去哪儿了》和那个催泪的广告——等你长大了，我们就享福了。可是，现实却是——他的啤酒肚起来了，他的皮肤变粗糙了，他的动作也不再敏捷，他的双眼也逐渐变得浑浊，一切都被时间这把刀摧残得不成样子——等我长大，他已苍老。

可是即便吵得再厉害，我一旦受了委屈，或者生活稍有不顺，还是会求助他，第一时间想要告诉他。他说："父女都没有隔夜仇，谁让你是我们的女儿呢？"

那一刻，我为自己对他们的"偏见"感到无比羞愧，并从此不敢再有这样的想法。

我想，如果当年高考没有他的全程陪伴，就我这点火就着的急脾气和遇事就慌的心理素质，肯定会被千军万马碾压得骨头渣儿都不剩。

我记得，小时候文弱的我在学校里受了欺负被坏孩子打掉了门牙，他会拽着那个男生给当时只有七岁的我道歉；初中时，同样是班里的坏小子给我取了一个难听的绰号，也是他当众让那个男孩子给我道歉。爸爸说："父母都是为儿女操心，不管以后在哪里，都是我们的女儿，我们都会维护你。"这句话，我从小听到大。

我读初中和高中时，爸爸曾出了两次车祸，看着他躺在床上难受的样子，我才幡然醒悟，他不是全能超人。而每当别人跟我问起卧床不起的他，说要去看望他，我会觉得特别刺耳，并对来人的问询怒目相向——敏感的我从他们的语气里听出来了鄙夷和看不起。事后完全恢复健康的爸爸自然会接到类似事件的"投诉"，爸爸的嘴上虽然说"小孩子不懂事你别见怪"，可我从他看向我的目光里，却看到了殷殷爱意和满心宽慰。

这些年，我从爸爸那儿得到的鼓励最多，他对我的无条件信任，影响了我的人生态度，也给了我努力生活的最大勇气。我总觉得，自己背后有一座深沉高大的山，累了倦了就回来歇一歇、靠一靠，等吃饱喝足就继续奔跑上路。

时光荏苒，父亲几乎两鬓斑白，而我也逐渐长到了可以和他平等对话的年纪，但我宁愿他一刻都没有变老，就像小时候做的那道数学题——小明七岁的时候爸爸三十一岁，七年之后小明和爸爸多少岁——那时候我总是数学不开窍，经常忘了给爸爸的年岁加上七，爸爸这时就会说，哈哈，你以为你爸爸一直三十一岁吗？是啊，我希望他永远都是三十一岁的年轻、自信的模样。

我希望他一直是我儿时记忆里那个有一双温柔大手的爸爸，在我彷徨时坚定地牵起我的手，跟我说，别怕啊，大胆往前走，我一直都在你身后。

就像几米的漫画《地下铁》里那个守护着盲女的天使，他会为我撑伞，紧握着我的手，告诉我星星的方向，陪我一起走漫漫的人生长路。

我内心的慌乱迷雾，是父亲替我拭去，而我总是贪图享受他给我的守护和温暖，忘记对他说一声谢谢，谢谢他一直陪伴着我，让我无比坚定地，去寻找那一颗最美的红苹果，一片一落的金叶子，和心中那片隐约的温暖光亮。

我知道只要我一回头，他就会站在那里，笑着对我说："别怕啊，我一直都在你身后。"

做你的牙齿

洪莉莉

在农村，为了传宗接代，很多婆婆都会整天烧香拜佛，保佑自己的儿媳妇给他们家生个男孩儿。一旦生的是女孩儿，便不给儿媳妇好脸色看，更不用说伺候她坐月子。

我爸是独生子，家里人把希望寄托在我母亲的身上——给家里"添丁"。不巧，我母亲生了两胎都是女孩儿，像奶奶这样的农村妇女本该大发雷霆，或者逼妈妈再生一胎，但我亲爱的奶奶，她没嫌我们是孙女，她就像照顾自己的女儿那样"伺候"我母亲坐月子，一些比较封建的亲戚"好心"劝说："把其中一个孩子送走，再生一胎，也许是男孩儿。"奶奶坚决反对，"生男生女都是我的孙子，我一样疼爱，这是我的家务事。"

"这饭太软，菜炒得太烂了，"我边玩手机边嘟囔着，"我不吃你煮的。"

"多少吃点儿，"奶奶一如既往的好脾气，"要不吃面吧。"话音刚落就迈着步子到厨房取出我爱吃的火锅料。

"我自己煮，你煮得那么烂，我又不像你没牙齿。"

奶奶默默地走了出去。

时光荏苒，在学校每每和家人视频，奶奶都会马上放下手中的活，以她最快的速度出现在我的手机屏幕上："在学校多吃点儿，瞧瞧都瘦一圈了，没事不要出门，注意安全。什么时候回来？""妈，不急，慢点儿，小心地滑。"妈妈温柔地说，"快放暑假啦。"待回答奶奶的问题后，我妈又冲我说："奶奶就是偏疼你。"我在对面咯咯笑，差点儿把眼泪笑出来。

远方的家我何尝不想飞奔回去呢。

一个多月的暑假模式刚开启，我就顺路来闺密家聚会，恰巧她爸妈不在家，我们这群仿佛几世纪没见的老同学在人家家里折腾着，亮开嗓子唱着走调的流行歌曲。她奶奶铁青着脸，拿眼神横着我们，我们先是怔住了，接着像受惊的小鹿，慌忙关掉卡拉OK。霎时，空气凝结着，犹如高原反应，别提多难受。

还未进自家院子，奶奶已在门前踱着步。糟糕，本来说好中午回来，现在都傍晚了，想必老人家是害怕我被拐走了。

"奶奶。"我红着脸，尴尬地叫住她。

"回来好。"奶奶望着我，毫无责备的眼神，"中午还给你留饭了，你爸妈忙，中午也没回来吃饭，我一老婆子也不会打电话。我给你热热，很快就好。"奶奶边拎着我的行李边说。

我俏皮道："不吃了，在减肥呢。"

"傻孩子，减肥不好，而且又不胖。胖也没事儿，胖点儿才好看。"

想起刚刚在同学家她奶奶的样子，突然很想抱抱我亲爱的奶奶，但我又是那种天生不会撒娇的人，现在变得那么矫情，把奶奶吓出心脏病来就惨了。

眼前的奶奶已白发苍苍，笑起来嘴唇更是干瘪。

曾经把花生嚼烂送到我嘴边，甘蔗啃好，一小块儿一小块儿递到我嘴边的她，如今没有牙齿了，可长大了的我能否像小时候她照顾我那样照顾她呢？

答案是肯定的，请让我做您的牙齿。

祝公子愉快

单荨

首先要说的是，我的名字叫祝安。祝先生是我的父亲，而祝公子祝宸是我的弟弟。

1

祝公子有一段时间里超级喜欢吃泡泡糖，后来我才发现他只不过是为了得到一毛钱一颗的泡泡糖里附赠的那一张小贴纸，贴纸上是各种各样的影视人物和卡通形象。他收藏了很多，有的贴了手背上，有的贴在了课本上，有的还贴在了家里的墙上甚至他的床头上，最后怎么抠也抠不掉。最不可思议的那一次，他把贴纸当成邮票贴在我剩下的最后一个信封上，其实当时我还不会写信，信封是我用来存钱的，每张两毛钱五毛钱我都会捋直了再放进去。

祝公子翻我信封的时候还把我桌面上的东西给翻得乱七八糟的，所以我涨红了脸生气地朝他大喊："你怎么那么不听话！你干吗要在我的信封上贴东西！"

祝公子不怕我发火，却难过地努着嘴，解释道："我以为姐姐你会喜欢白娘子的贴纸的。对不起。我还有五毛钱，姐姐拿去买新的吧。"说完，祝公子开始从他的裤兜里掏钱，眼眶里有泪在转。我摸摸他的脑袋，后来仔细一看才发现信封上贴的真是白娘子，于是火气也消了大半，然后我挥挥手，让他离开我的视线。

祝姑娘说过喜欢白娘子，祝公子记下了。

那个时候的祝公子五岁，祝姑娘七岁半。

泡泡糖风波却没有因此过去，两天之后的周末下午，祝公子哭着跑回家，头发上粘着一大块恶心的泡泡糖。见到这场景，我还是没忍住大笑了几声，结果祝公子哭得更凶了。

后来一问才知道，几个小伙伴一起玩棋牌，其中一个一直垫底儿不高兴了，所以一气之下就把嘴里的口香糖粘在倒霉的祝公子头上。祝公子也不是好惹的，立即往嘴巴里塞一颗泡泡糖然后嚼几下也回敬到对方头上，才悻悻地离开了现场。

祝公子就是在回家的路上开始号啕大哭的，因为觉得很脏，也觉得委屈。

那一次是祝先生帮祝公子剪的头发，因为祝公子觉

捧一盏烛，若还未迟

得丢人，死活不肯踏进理发店的大门。可是祝先生的手一抖，就把祝公子的头发给剪坏了，刘海儿参差不齐，后脑勺头发的密度也不一致。

事隔多年，如今想起来仍觉好笑。

不过说起来，我好像好多年都没再见过祝公子吃泡泡糖了耶。

2

转眼间，祝姑娘我已经长成了亭亭玉立的大姑娘，我的追求者虽然没有多到排到了巷口烧饼店的门前，至少单凭五根手指头是数不过来的。

先说说性格温和的学霸吧，他曾经来我家帮我补习数理化，只是趁着我解题的空档去了一趟洗手间，却偏偏遇上了打球回来的祝公子，祝公子和学霸在一种很奇怪的氛围里对视了好一阵子，最后有些脸盲的祝公子终于确定了自己真的没有见过这号人物，便更加肯定了家里是进了贼的这一推测，于是扯着学霸的衣领要跟人家大干一架。

如果不是我听见学霸的喊叫声跑出来看，那么结果就不是光赔上一副眼镜这么简单了。学霸在买了一副新眼镜之后，和我的关系便疏远了不少，他的原话是这么说的：

"祝安，我是挺喜欢你的，但是，你家公子性格太不像你，就算是打贼，下手也狠了点儿吧，如果以后我们真在一起了，这样的小舅子我可招呼不来啊。"

我捏了一把汗，学霸同学果然高瞻远瞩。于是我和学霸的恋爱关系尚未开始就已结束。庆幸的是，我也没喜欢上学霸，要不然，我就是有眼泪也没地儿哭。

3

再举例说一下追我追得最自我陶醉的摇滚小青年吧！人家长得高也长得帅，可惜我真心介意姐弟恋，毕竟只要看一看家里的祝公子，顿时就会失去姐弟恋的兴致。

摇滚小青年来我们祝家楼下唱歌的时候，我也被吓着了。我打电话给他，好说歹说请他离开，他不肯，非说要唱到我答应和他交往为止，好在摇滚小青年在我们祝家楼下唱歌的那一天祝先生加班不在家，我也就不再搭理他，拿起耳机听自己的歌。

可是祝公子却不是省油的灯，两分钟以后他打开窗户，一脸不耐烦地盯着人家。因为摇滚小青年挑的地儿正好对着祝公子的房间窗户，而且第二天祝公子就要考英语了，换作平时也就算了，毕竟祝公子也不可能会去复习，但是前段日子祝先生放话了，如果这次期中考祝公子英语再不及格的话，他就要给祝公子请家教了，天知道祝公子初中三年里，英语只及格过两次，一次是老师记错了分数，一次是因为他无聊背了去年同期试卷的答案，结果真的考了以前的题目。

祝公子居高临下地朝着楼底下喊："你打哪里来就回哪里去，要不然我就报警了！"我在旁边安静地听着，并且妖里妖气地变相模仿祝公子说话，"要不然我就报警了！"说完这句我还比了个兰花指，气得祝公子满脸通红。

摇滚小青年当然没有走，相反他还唱得更起劲儿了，连我都担心他的吉他弦会不会绷坏，还好我们家附近没什么邻居，当时也不是深更半夜，要不然肯定会被扔番茄的。

最后祝公子还是按照他奇葩的套路出牌了，他从抽屉里拿出几张一块钱的纸币，揉成一团就往楼下丢，然后"砰"的一声关上了窗。

我原本以为摇滚小青年悻悻地走了之后这件事情也算是结束了，谁知道隔天早晨摇滚小青年在巷子口见祝公子经过就猛地上去给他一拳，于是两个人痛快淋漓地干了一架。

一个星期之后，摇滚小青年不再追我，转而谜一般地和祝公子成了哥们儿，甚至在前不久，他们还相约去体育馆看了一场球赛。我问及原因，祝公子只笑不答，至今我仍然不知道当时到底发生了什么。

但能肯定的是，我的桃花绝对跟祝公子有很大的过节，日后可能喜欢上祝姑娘的人，都得先过祝公子这一关才行啊。

4

　　自从祝先生注册了一个微信号之后呢，我们祝家就有了第一个全家群，但是我们在群里实在没什么可聊，毕竟我和祝公子都是走读生，天天回家吃饭做作业，而祝先生上的是朝九晚六的班，我们见面的时间也不算少吧。而大多数无话可说的时候，我和祝公子就会疯狂地斗图。

　　祝公子："像你这种人，在电视剧里是活不过两集的！"

　　祝姑娘："你这态度很容易失去我的！"

　　祝公子："就猜到你要这么说。"

　　祝姑娘："我还能说什么？"

　　祝公子："无知！肤浅！幼稚！庸俗！可笑至极！"

　　祝姑娘："你再讲一次！"

　　祝姑娘："你这是在玩火！"

　　祝姑娘："愤怒到呕吐！"

　　祝公子："嗯，然后呢？"

　　祝姑娘："我喜欢你这种宁死也要死撑的精神！"

　　然后祝公子就销声匿迹了。

　　在此期间祝先生没有说过一句话，估计是在默默地添加表情包吧，有时候我和祝公子斗图斗得正欢的时候也会听到从楼下传来的祝先生大笑的声音。

5

忽然想起了搬家之前发生的一个小插曲。

有天晚上我在一个同学聚会上喝了点儿啤酒，却没想到自己的酒量竟然已经沦落到了一杯就醉的地步，于是当我摇摇晃晃地走回家的时候，我在黑灯瞎火的楼道里踩了块瓜皮然后摔了一大跤，结果崴伤了右脚。

十分钟后是祝公子带我去看的医生。我半醉半醒地坐在摩托车上，他载着我，而我的脸颊贴着他湿漉漉的后背，嘴里还在碎碎念："你的衣服好臭哦。"

祝公子没有说话，其实我刚刚吐到他身上了，而且他搀着我从三楼走到一楼流了一身汗，所以身上的味道简直吓人。

接着我在他耳边大声喊道："祝公子你真帅，帅得跟猪一样。"他明显是被我吓到了，干脆在路边停了一会儿车，然后转过头来认认真真地对我说："祝安！你坐好一点儿！去诊所看看没什么大碍的话回家之后再随你闹行不行！"

"哦，那走吧。"我说。

于是在去诊所的路上直到看完医生我都没有说过一句话，除了当医生抓着我的脚轻轻地动了三两下的时候我惨叫的那一声"啊"之外。

后来我在回家的路上大哭了一场，为的就是不让祝先生听到，所以祝公子刻意绕道去了沿江路，晚风很好，吹得我头疼。

我趴在祝公子的背上大喊："祝公子，我们怎么就没有妈妈了呢？六年了啊，我们没有妈妈六年了。"

祝公子没有说话，站着一动也不动。

许久，他的声音多了很浓的鼻音，他低声说："姐，你别这样。"

当我们俩拖着疲惫的身子回到家的时候，祝先生躺在沙发上睡着了，我悄悄地溜进房间没敢让他看到我的脚，是祝公子叫醒他的，他得知我回房了自己也就安心地去睡觉了。

其实在摔倒之后清醒过来的那一分钟里，我给祝公子发了一条信息让他下楼来，于是他跟祝先生说开摩托车去接我，也就顺道瞒过了祝先生。

有的同学戴着妈妈送的护身符来参加聚会了，有的同学准备和妈妈一起出国旅游了，有的同学在聚会举行到一半的时候被妈妈接走了。然后我在同学聚会上喝了点儿啤酒，伤心的时候即使是光喝饮料也会醉倒吧。

我洗了个澡后心情舒畅多了，祝公子竟然特意给我煮了一锅绿豆汤，忸怩地放在桌面上，然后什么话也不说就

捧一盏烛，若还未迟

走掉了，我白他一眼，刚刚还说要保护我呢，哼，一点儿都不像祝先生，祝先生就算什么不用说我也敢肯定他是爱我的。

月色温柔如水，我在正对着窗户的地板上盘腿而坐，一边喝着绿豆汤，一边翻看杂志，终究还是忍不住感慨了一番，我们祝公子不知不觉中已经从"小弟"长成"大哥大"了呢，从此，又多了一个可以保护祝姑娘的人了，真好。

故事与你，梦想与我

辍学并不是一件很酷的事

陈若鱼

亲爱的小敏，上周听你姐说，你又来厦门了。

两周前我去为你钱行时，你说不管是继续上学还是学点儿东西都好，总之你决定留在湖南老家，没想到这么快又变卦。

就像是夏天时第一次见你，坐在我旁边，脸上有几分青涩，穿着非常可爱的粉色短袖和运动鞋，我看得出你年纪很小，但是当你姐说你1999年出生时，我还是忍不住惊讶了一番。

天啊，你小了我整整九岁。

一开始我以为你只是暑假来厦门找你姐玩，没想到她说你辍学了，要在她的工作室里做化妆学徒，你放下筷子纠正道："不是跟你说了，我不想做化妆学徒，我想做摄影师。"

一顿夜宵还没吃完，你又变卦了，你说你想了想还是决定做化妆学徒。

你姐白你一眼，不再搭理你，似乎变卦已经是你的习惯行为。

当然，你才十六岁啊，还没有到一个能为自己决定未来的年纪。

可是这样的花季，你为什么不选择跟同龄人一样继续读书呢？我这样问你的时候，你吃了一块芋头跟我说，因为你觉得辍学很酷。

辍学并不是一件很酷的事

每次我去你姐的工作室，你都坐在电脑前。我问你有没有想清楚要做什么，你一脸茫然地摇头。

我问："你没想过要上大学吗？"

你停下鼠标振振有词地反问我："新闻上说现在大学生都找不到工作了，上大学是唯一的出路吗？"

上大学当然不是唯一的出路，这个世界上有大把没念大学依然飞黄腾达的人，但是现在读大学已经不是一个用来拿文凭标高身价或者升官发财的桥梁，它是你人生的开端，你可以在这种没有压迫性的环境下，形成独立自主的人格，建立正确价值观和人生观。

你还要知道，大学时代将是你成年以后和成熟之前的过渡期。

我也曾和你一样觉得念大学没用而辍学很酷，所以高考前别人紧张到内出血的时候，我大手一挥潇洒地逃离了学校，父母甚至扬言不要我这个女儿，我还是任性地跑去了武汉。

半年后我从武汉回来，他们依旧做了一大桌子的菜为我接风洗尘。那个时候我以为我胜利了，其实我只是没有意识到，父母之所以这样妥协，只因为他们是父母。

你选择的道路，其实并不会影响别人，无论结果好与坏都只能你一个人承担。

因为没有资历和学历，我浑浑噩噩地在武汉做了两年的店员。二十岁那年我来了厦门，我不想再做店员，想找一份办公室的工作，一年四季吹着空调，不受风吹日晒，享受国家法定假日。

可事实并没有我想得那么简单，十个招聘启事里有九个写着专科或本科学历要求，那时我简历上的"高中"两个字让我第一次有了挫败感。高学历在这个社会和职场里就是百分百奏效，学历的高低不等同成就的高低，但在你初入职场时，你的学历会决定你发展的范围和方向，那时候，你一定不会像现在这样茫然，反复变卦仍不知道自己想要的是什么。

别动不动就说人生

上个月，你姐在朋友圈里抱怨，说她快被你气疯。

因为你学化妆学到一半突然不学了，你说一天到晚给人化妆实在太累了，你姐安排你跟摄影师出去拍照，你被海边的大太阳晒到鼻梁发红后又决定放弃摄影。

我完全可以理解你的感受，毕竟你才十六岁。

来之前我刷到你的空间说说，最新一条写着：人生为什么如此艰难。还配了一个痛哭的表情。

你知道吗？经常有人问我有没有后悔没上大学，我每次都摇头。我确实不后悔，但是我真的很遗憾，我没有在应有的年纪享受人生中最后四年无忧无虑的生活，我错过了跟三个室友一起彻夜讨论帅哥和韩剧，或者一起去食堂排队的日子，错过了天天在图书馆看书看到睡着，错过了毕业论文通过时那种兴奋，错过了在学生时代谈一场风轻云淡的恋爱。

所以，我不希望你也错过这些。

近两年青春校园题材电影泛滥成灾，人们花钱去电影院不是想看剧情怎样动人，演员多么养眼，只不过想要在那些青春影像里找到一丝似曾相识的影子，或者缅怀一下自己的校园时光，然后流着眼泪抹着鼻涕怀念一把学生时代。

而你高中都没有念完，跟我们一起去看青春电影时，你百无聊赖地玩着手机。电影中高考后的狂欢，现场有人感动落泪，有人大笑不止。

那一刻，你应该跟我一样也感受到这其中的落差了吧。

十六岁的你还不能承受来自社会的恶意

你是在跟你姐争执一场后决定回湖南的。

我给你饯行的那天，你不像之前那样笑着，而是眼眶红红地低着头，我猜你这副表情应该不完全是因为跟你姐的矛盾，你应该也感受到了来自社会的恶意。有可能是被客人投诉，有可能是对未来感到迷茫，甚至有可能是你意识到了自己当前错误的选择。

这种恶意，十六岁的你还不能够承受，所以你选择回去。

你回老家以后确实去了几天学校，但你觉得自己在往日的同学中已经显得格格不入，你吐槽他们不入流的打扮，他们看不惯你的洋气装扮，从前的好朋友也一拍两散。

我看得出你是个挺聪明的女孩儿，像这世上所有十六岁的女孩儿一样天真无邪，只不过是一时陷入了青春期的迷茫。

你还有两年高中，四年大学，总有一天你会怀念这些校园时光，你会因为还能够逃课而惊喜，会因为能跟爱慕的少年约定考取同一所大学而雀跃。学校并不是困住你的牢笼，那是你错过后就再也回不去的时光。

　　今天傍晚，我去你姐的摄影工作室见到你，你剪了齐耳短发，穿着与年龄不符的白色衬衣，穿着破洞牛仔裤和高跟鞋，正在QQ上跟客人谈单。

　　你姐说，你最终决定做一名网络客服，因为你说一天到晚在工作室里，不必风吹日晒，跟客人聊聊天就能赚钱，这样的日子比学校有趣。

　　我决定找你谈谈，哪怕穷尽语言也要劝你，但是你明显听不进去，连跟我谈谈的耐心都没有。你一边打游戏一边聊天一边谈单，客人刚有想要下订单的意愿，我就被你晾在了一边。

　　年轻的人总是善变的，我真的不相信你说要好好做客服的话。不过我还是要再提醒你一次，如果你心意已决要摆脱学生这个身份，投身于职场，尽管你才十六岁，但你还是应该让自己具备作为社会一员的职业技能，以及一个工作者的责任心。

　　不仅要对得起你的老板，还要对得起你的良心。

说走就走不如不走

左 夏

学习还跟得上，课余兼职也顺利地找到，家里各处安好，身体无病无灾，却没来由地心情不好。半夜心血来潮地发动态："我想一个人去哪里走走看看，如果能收留，请告诉我要坐哪列火车或几路公交车能到你所在的地方，明天我就动身去找你。"任性地决定，第一个评论的人身在哪里，我就去往何方。

淑淑第一个评论，于是我车票的终点站便定为广州。

说走就走，多么洒脱帅气的一件事情。但接下来的一切，却远不及想象中那么文艺小清新。

当我身着一袭单薄的长裙，背着轻便的随身包包，站在天河客运站的出口被冻成狗时，终于意识到天气预报的必要性。虽然舍友千叮咛万嘱咐一定要带一件厚外套，但任性如我，说走就走这么洒脱，怎能带上肥胖臃肿的羽绒服，影响我漂泊流浪的画风！咬咬牙逆风前行，凛冽的北风重塑了我的造型，从发型到裙摆，我整个人都在大风中凌乱……

如果说在风中凌乱还依稀有种玛丽莲·梦露的梦幻，那么挤广州的地铁就绝对是一件形象俱毁、节操全碎的事情。被人群拱上地铁口的时候我就在想，在旅游城市安逸地读我的大学，散漫舒适的小日子不过，非要跑到广州来挤地铁！被人群重重包围，挤到连呼吸都快缺氧的时候，我深刻地反思，早已人满为患的北上广，又不缺我一个伪文青穿着长裙过来挤地铁！直到我完全寸步难移，到了站也动弹不得，眼睁睁地看着进站的人拼命往里挤，出站的人吃力地往外挪，靠着这两者的作用力，我硬生生地被推到站口处，我才清醒地悔悟：好好的书不读，请什么病假旷什么课！非要跑到生存压力指数爆表的广州来挤地铁，到底发什么神经啊！

辗转换车，长途跋涉之后，我才终于见到了淑淑。只是原本新奇愉悦的心情早已被刺骨的寒风和拥挤的地铁磨得荡然无存，此时此刻的我只想钻进温暖的被窝，睡够八个钟头再说。

躺在床上，盯着天花板，百无聊赖的时候，我就在想回学校要完成的事情：还有两天的假条要补请，思政课的笔记要抄，写作课的作业还没交，英语作文也还没写，墙角的吉他要去换弦，被踩脏的白布鞋要洗干净，翼儿的信还没回，坏掉的书包要修好，临近期末要准备复习……

恰恰是这些，让我感到不开心。都是一些烦琐的小事，积压在一起，却让人心烦意乱，无所适从。

说走就走，原本只是打算逃离原本的生活轨迹，偷得浮生半日闲而已，却没料想那些问题依然摆在那里，不来不去。不主动去解决的话，无论走到哪里它都会牵绊住自己。

心情不好的原因不在远方与此地的距离，解决问题的办法也不在于一场看似洒脱实则鲁莽的毫无计划的旅行。说走就走确实需要勇气和热情，但这却会导致两种截然不同的结果，一种是在行走中收获新的启迪，回来能够用心生活，一种是在流浪中遗忘自我，回来后依旧郁郁寡欢。而我，不想成为后者。

一觉醒来，阳光晴好，我忽然决定，坐车回校，去完成那些细碎的事情。

生活从来不文艺，但我们却可以文艺地生活。不要厌恶按部就班，因为这是一种现世安稳的幸福。

你想去的地方也一定有人想去

惟　念

　　七月的南京美得不像话，梧桐树绿叶相连，湿答答的雨为周身的一切都加上了天然滤镜。我在冷气十足的地铁车厢里瑟缩着身体，不断给自己鼓气，因为我此行的目的是挽回一段摇摇欲坠的感情。

　　撑着伞找到预定好的青旅，冲了滚烫的热水澡后，伴着窗外连绵不绝的雨声沉入梦里，断续破碎的梦境里，一直是各种分别各种拒绝。

　　我翻个身后醒来，反刍着共处时的快乐和疏离后的难过，一点儿也不想去赴约。看着镜中意兴阑珊的自己，准备好了许多示弱的话，也做好了挽回无果的准备，可当我亲自确定了对方有了新欢，并且在我不知情的状况下已开始交往后，整个人怔在原地，千言万语都化为了沉默。

　　最后的结局是不欢而散，我甚至连一句正式的再见也

故事与你，梦想与我

没听到，垂头丧气地搭出租车回青旅。夜雨滂沱，车载收音机里放着旧调，像是质问般地重复着，不能忘记不能忘乎所以，不能继续就这样沉下去。我想着翌日就要跟雨伞君碰面了，此刻该怎样平复这么糟糕的心情，但满脑子里都只剩响亮的雨声。

餐厅订在最繁华的新街口，早到的我在暖黄的灯光里看书，直到他的一声"我来啦"响起，我才抬起头，撞见那双像湖泊的眼眸。他仍用着那款我熟悉的香水，左耳戴着闪亮的耳钉，骨节分明的双手整洁干净。

像是从前的每一次见面一样，我们吐槽起各自生活里的种种琐碎，捋顺了心中的死结，顺便回顾了这段让我伤心伤神的感情。

"你就是那么玻璃心，跟十六岁时没两样，又笨又蠢！"

我虚心地接受雨伞君的批评，剥开一枚杏仁放到他盘子里，看他拿起来吃完后，仍不敢迎上他的目光。

"为什么每一回想遇到同道中人，结果都是他乡之客？"拨弄着锅中香气四溢的烤鱼，身为吃货的我一筷子也不想夹。

雨伞君没有直接回答我，只是一个劲儿地与我干杯，不动声色地转移了话题，问我有没有想逛逛的地方。

"我要去宜家！我要花钱，我要平复自己的心情！"看我一脸的愤慨，他意味深长地笑笑，张了张嘴却什么都没说。

我们乘着午后的微风，在摇晃的车厢里，调侃起街边房地产公司的文案做得太好，明明已经离开新街口五公里之外了，还打着拥抱新街口的招牌来吸引人。

就是这样恬淡的一刻，立刻把我拉回七年前，我们很多次搭车外出的午后，也是聊七聊八打发时间，话题从不间断。那一年所有的悲欢离合尚未登场，我们单纯得像是一杯水，不设防的心扉一望即见底。

宜家商场里人声鼎沸，我们并肩前行，看到花色清新的床单被罩，我一步也挪不动，非要买下来。在毛绒玩具区，我把可爱的狗狗挂在脖子上。厨房用品处，我买了一堆杯子，甚至在结账口还顺手拿了一个台灯，连价格也不看就直接塞进购物袋里。

最后拎着大大的购物袋坐在餐饮处吃甜筒时，雨伞君碰了碰我的胳膊问："这样就真的开心了吗？"

我摇了摇头，咬了一口他手中的骨肉相连，妥帖地接受他的照顾，没有丝毫的不好意思。

"你有些方面很聪明，但另外的部分又太幼稚，比如把快乐依附在旁人身上，又或者是建立在冲动消费上，这些都是不理智的，且很容易就会因为希望落空而郁郁寡欢。"

他是陪我从旧时光走过来的朋友，见证着我或长或短的感情，深夜安慰过我，酒桌上与我对饮过，黑夜里陪我走过安静长街，心灰意冷时给过我安慰。所以面对如此一针见血的评价，我一句反驳的话也说不出来，只是跟他坐在商场的出口处，在风里点起烟，在一呼一吸间让下沉的心慢慢浮上来。

"还记得我去意大利那年，临走前你可是难过得哭了一整个晚自习，连心爱的肉包子都吃不下去！"

"喂，干吗重提这么丢脸的事情！"我转头看他眯着眼睛一脸坏笑，伸手捶了他的肩。

"我挺喜欢那个时期的你，每天就是傻傻地等我吃饭，盼望着数学考及格，以及等着稿子通过审核的消息。现在，你心思太多，情绪太敏感脆弱，这会阻碍你成为更好的人。"

我咀嚼着他的这段话，有些心虚地点点头，为自己浅薄恣肆的忧伤感到羞赧。

尔后他陪我拿着返程的车票赶到高铁站时天色已晚，人潮拥挤四周嘈杂，我低头想了一秒钟后低声说："抱一下吧！"

他立刻俯下身，贴着我的脖颈，温柔地拥住我，轻拍道："好好的啊，真的特别希望你越来越好。"

我点点头，挥手告别了暮色中的南京，觉得疲倦深深。这不仅是因为肉身的奔波，也是因为心情不断高低地起伏。

找到位置坐定后，我看着目的地相同的旅客，觉得你想去的地方一定也有人想去，只是遇见同路人并不是那么容易的一件事而已。

没有爱情光顾的日子里，多读书多思考积极锻炼身体，外在美好内在光华，即使收获不了一个更好的伴侣，但起码多了一个更好的自己。

这样安慰着自己，我戴上了耳机，李志沙哑的嗓音一下一下叩着我的心扉：此刻我在异乡的夜里，想念着你越来越远。

这样温柔得令人心碎的夜晚呀，让该结束的结束了，该开始的才会开始。我会咬牙奔跑向前，从此愿无岁月可回头。

不要问我哭了没有

以 离

1

他是那一辈兄弟姐妹中年纪最小的，他父亲去世的时候他才十九岁，准确地说应该是十八岁。所以他的种种不好，好像也都可以被原谅。

我不清楚我原谅他了没有。

他嗜酒，赌博。

我见过他最多笑容的地方就是在饭局上，他会抢着埋单，无条件地给予别人最大限度的慷慨，这是我们家经常免费宴客的根本原因。

他能熟络地照顾好每个人，迎合每个人的口味，唯独不会在乎家人的感受。

他的运气并不好，总是输钱。他押的赌注很大，输得自然也很惨。所以他在赌桌上从来不会有好脸色，他沉着脸，麻木得如同机器，一遍又一遍地搓着麻将打着牌。

他想要把输了的钱全部都赢回来，可惜老天不给他咸鱼翻身的机会。

妈妈的劝说不会起到实质性的作用，给他打电话不是不接，就是很不耐烦地隔着听筒冲她大吼。

深夜回归喝得酩酊大醉的他次次成为引燃家庭战争的导火线。妈妈的伤心落泪和絮絮叨叨亦是他愤怒的根源。他将所有堆积在胸腔里的负面情绪倾泻而出，开始无止境地咒骂。

我低声啜泣着，眼睁睁地看着父母扭打在一起，连上前阻拦的勇气都没有。尽管这种场景我早已司空见惯，但我依旧觉得很悲哀，为自己，为妈妈，为姐姐，更为这个所谓的狗屁城堡。

我不明白在外头意气风发独当一面的人，为什么面对他的妻子和孩子却是另一副面孔。我躲在角落里看着他用力宣泄着，那一个个的空啤酒瓶子在他的手上变成了对付妈妈的武器。我歇斯底里地哭喊着，到头来终究是无济于事。

妈妈拼尽全力逃了出去，将他反锁在屋子里。

他怒火中烧，用脚死命踹着门板。未果。他回头随手抓起什么就往电视上砸，一下，两下……

我感觉我的身体里隐匿着一股不受我支配的恐惧，然后便是陷到内心深处的绝望。

地上是满目的碎片，散落的零零散散的家具，无一不在宣告着这个世界的孤独。

最终他如愿地挣开了那扇门，气势汹汹地跑了出去。

他去了厨房，从橱柜下搬出一摞碗，从离地几尺的地方松手，一瞬间就将它们毁于一旦。我听着那些闯进我耳朵里的破碎的声音，意识到噩梦仍在继续。

正如我所想到的，"砰！砰！砰！"大锅小锅和碗盆一起遭殃，在寂寥的灯光下，被冷漠抛向虚无。

震耳欲聋的噪音在黑夜中揭露着令人惶恐的不安宁。

我告诉自己，这是身为这个家庭一分子所必须要承受的。

2

黎明破晓。

同往常的争吵打斗之后一样，一大早上他便会收到妈妈要和他离婚的消息。

这时他才懂得懊恼，当他接到那群狐朋狗友的电话时，会说："我不出去了！"然后恨恨地骂了句，"神经病，现在和我闹离婚呢！"

有时候受了伤是要自己疗养的，我的妈妈就是个很好的例子。她无数次地想要放弃他，放弃生活，可是为了姐姐和我，她一度隐忍，一次又一次地选择原谅。

在那些她被打得满身是伤的日子里，在那些她无休止地抱怨这个破败的家的日子里，在那些她不得不以泪洗面的日子里，我的童年就像一架纸飞机，载着我的小小心愿划过悲伤河流。

3

时间飞也似的逃离，我对他的怨恨像是一颗埋在土壤里的种子，在无形中慢慢生长。

他对别人家的小孩无时无刻不在微笑，而在我们的面前一如既往地铁青着脸。

从小我就问自己，我是做错了什么吗？明眼人都看得出来他不喜欢我这个女儿。

明明是很小的一个过错啊，他的怒吼却像是一个号角，提醒着我的十恶不赦。

我对他没有崇拜，也没有尊重，盼望着他不要回到这个家，不要出现在我的面前。我全身上下装着满到快要溢出的畏惧和不安，只要他一回来我的心情就"唰"的一下无比糟糕。

我极少和他说话，这也是他心头的一根刺。很长一段时间我和他的交流停滞在了学校要交费上。

无论拿没拿到钱，我都不可避免地要挨一顿批。我忍着泪水走开，他又会很嫌弃地说我没出息，只会哭。

他从不过问我的学习，可能觉得这和他没有关系。我拿着成绩单让他签名的时候，他瞥了一眼分数，没有赞扬也没有批评。

他认为学校总是教一些无用的东西。我把大大小小的单子摆放在他的面前，他烦躁地动手摔椅子。

我委屈极了。

我认定他是不快乐的，这种不快乐他不会说出来，只依靠蛮力发泄。

而我讨厌他是真的。

4

住在一刮风下雨就要倒塌的土楼里，他悭吝着他的责任心躺在床上呼呼大睡。

水已经淹进来了，妈妈纵使满腹怨言也只能不停地往外舀水，我和姐姐提着一桶又一桶的水往外倒。看着那个置身事外的一家之主，心都是凉的。

他不爱妈妈吧？我常常这样想。

小学时我没有写过诸如《我的父亲》这样的文章，但我会给他写信，偷偷地把写好的纸条塞进他的烟盒，告诉他喝酒伤身，赌博无益。

他读完后，冲我一笑："小兔崽子。"

他偶尔也会和别人夸夸他的两个女儿，从他嘴里我听到的永远是很乖。

我有可以任性的权利吗？没有的。

小的时候他给我买了挂在墙上的小黑板，我很喜欢用五颜六色的粉笔在上面涂涂画画。他看见我的杰作，会说，字写得真好看。

有一回，我在小黑板上写道：世上只有妈妈好。是特意写给他看的。我不知道他有没有看见，姐姐命令我赶紧擦掉，我照做了。

倘若再给我一次机会，我希望他一定不要看见。

我听过很多亲戚对他说："现在你不对你的两个女儿好，以后别指望她们给你养老。"

他苦笑着不作答。

那时我尚且年幼无知，未曾想得如此遥远，如今想陪着他慢慢变老都成了一种奢望。

5

初中升高中那会儿，我迫不及待地把所有志愿全都填成莆田。

妈妈问我为什么不留在仙游。我说，因为我不想待在家里。

初中他一次也没参加过我的家长会，尽管我的成绩还不足以让他丢脸，尽管我考了重点班的第一，他也不愿意去参加。这让我有些失落，我之所以努力学习只是为了和他暗中较劲，我想让他看见我的实力。但他却无动于衷了三年。

2013年，我去了四中。在那个还算不错的一级达标校里我进了奥赛班，并且享有免交学费和住宿费的特权。

他大概是那时候才知道我还不赖。

在他那群狐朋狗友正在绞尽脑汁花大价钱送孩子上私立高中时，我去了我想去的地方，没让他操半点儿心。

渐渐地，生活趋向缓和。

我们搬出了那所岌岌可危的老房子，他不再把妈妈打得伤痕累累，脸上终于也出现了一点儿暖色。

6

我一周回一次家。他对我算是有了些关心，会担心我吃得好不好，穿得够不够。他开始对我大方起来，每个星期给我两百块钱的生活费。他走后，我数了数我的私房钱，有两三千。

临到周末，他会和妈妈说，孩子要回来了，去超市买些骨头炖汤，多买些水果。

妈妈和我说，你爸爸是爱你的。我听着很别扭，内心仍然会有些抵触。

我依旧不怎么和他说话。

等我收拾好行囊重新启程去学校，我会和他说，我走啦。

他点点头。

7

他的头发总是留得很长，但都不会遮住他深邃的目光。十几年来我没有见过他平头。

曾经有理发师给他理得很短，他很生气，回来整张脸都是臭的。奶奶却很开心，一个劲儿地夸他看起来清爽干净多了，人都精神了。

他不相信，觉得老一辈人的审美不靠谱。

8

我上高二，他去参加我的家长会，仍然是那个不羁的发型，穿了一件浅色的衬衫，站在校门口显得很突出。我一下子就看见了他。

士琪和他打招呼的时候，他面无表情，没有一丝一毫的反应。

我有些难为情，和士琪解释，没办法，我老爸一直都高冷范儿。

到了教室，周围人指指点点的，开始议论起来，好像发现了新大陆一样兴奋。邹智伟小声地说："这谁家老爸？艺术家吧？"

后来有说他像拍戏的，有说他像建筑师的，也有说他像室内设计师的，总之对他职业的猜测层出不穷，反正没有一个人猜对。

我转告同学们的评价给他，他没有说话，继续往前走。最后我说，他们都觉得你看起来很年轻。他顿了一下，我看见他眼睛里倏地有了一丝亮光，就像一簇小火苗在绚丽燃烧着。

我送他到校门口。他侧了下身说道："走吧，去吃饭。"

我摇摇头，摆手："不用了，我自己等下再去吃。"

我催他赶紧回家，因为有他在的地方我总是感觉不自在。我们的父女关系冰冷得如同寒冬，苍白得写不出"温存"两字，也好像怎么都填不满之间的隔阂。

但他走后，我又开始后悔，我想那时如果我没有拒绝，那么现在我的回忆里就会多了一样东西。

9

他也算是一个老板吧。买了一辆大货车，雇了几个工人，运货卸货，成天在外奔波，见过很多人很多风景。

他很瘦，但力气应该挺大的，不然也不会从事这项工作十几年。

以前有个肥头大耳的胖叔叔说他的货车是整个长安村最大的，他自豪得不得了，猛灌一口啤酒，喜形于色。

他的收入确实一直都挺可观的，但他就是有能耐在外面到处欠债。

在他十九岁的时候，他就自立门户经营了一家鞋厂，后来因为屡次拖欠乡亲们的工资就倒闭了。

前几年，他着手打造了塑料厂，聘请了村里的数名员工充当他的小伙计。妈妈受其困也只好加入其中，毕竟家人之间要相互扶持、相互支撑。

于是，妈妈开始了没日没夜的辛劳。

10

他从来没有给别人打过工。他身上有一股浓烈的傲气，但同时他又是自卑的。我不明白，也解释不来。

他是能吃苦的。

当夏天的太阳无极限地烘烤着地球表面时，他依旧会站在车厢上汗流浃背地忙碌着。我看着他紧皱的眉头在烈日当空下凹成了一份担当和责任，这才意识到，其实他也在改变，他在变老的同时也成熟了。

为了遮阳，他给自己配置了好几顶帽子，蓝的、黑的等等我已记不清，总之款式单一，推崇简单。坦白讲都很适合他。

他从来不会亏待自己。在冬天悄然来临的时候，他已经去商场里把围巾买回来了，真的也就只买了自己的。但是直到冷风萧瑟，他一次也没有戴过。

有时候他会和我开玩笑道："来，一起来卸货。"而不是亲昵地说："来，帮爸爸一起来卸货。"就这样随意地省略了谓语和宾语。

同样地，我也没有叫过他一声"老爸"，从来没有。

11

我长大了，他不再让我给他跑腿儿买烟了。

他抽烟没有节制，说了他也改不来的，我懒得说他。

前两年，他买了一套茶具。从那时起他开始热衷于泡茶。妈妈说这是一个好习惯。

可他还是吃很少的饭，光喝酒就饱了。

他觉得他的身体没有问题，即使肚子一天比一天疼，脸色一天比一天差，人一天比一天瘦了。

妈妈说："去医院吧。"

他固执地不肯去。

我说："去医院检查一下吧。"

他说："好。"

结果还是没有去。

再后来，他的哥们儿执意要陪他去医院，他去了。

他没心没肺地笑着，事不关己地以为自己绝对不会有事。

他错了，他得了肝癌。

家里人都瞒着他。他开始吃好多的药，挂好多的点滴。

他住院的日子里我没能去看他。我只听说，后来他回家疗养了。

姐姐打电话给我的时候，我正在食堂吃晚饭。

听完这个噩耗，我的泪像断线的珠子一样"啪嗒啪嗒"往盘子里掉。

我那个凶死人的爸爸啊，就要这样子离开了吗？

12

在他生病的那段时间，他天天躺在床上看电视，看累了就睡一会儿。

我坐在旁边的椅子上，眼睛盯着电视屏幕，心里却在想别的。

妈妈说，和你爸说说话吧。

可我是真的没话说。

每天都有亲戚朋友来探望他，他应该也预料到了什

故事与你，梦想与我

么，我怕他伤心。

有时候他呆呆地看着他拍的X光片，拿起，又放下。

他变得越来越沉默，这不像他。

家中的气氛沉重得让我很难受，妈妈一遍遍地抹眼泪，奶奶难过得吃不下饭，姑姑红着眼嘱咐我要好好学习，伯父无奈地叹着气。

13

一个月内，他的身体以指数型函数的速度恶化着。

突发吐血的那个晚上，我连忙从学校打的回家。

大厅里围了好多人，稀薄的灯光下，他躺在席子上，虚弱地闭着眼。几天不见，疾病将他折磨得憔悴不堪，瘦得骨头清晰可见。那样苍老的一副容颜，我第一次见。

妈妈对他说："你二女儿回来了。"

他低声说："我还没死，叫她回来干什么。"

我冲进房间抱头痛哭，姑姑拍着我的背安慰我，然后也哭了。

14

我回到学校，一两天给他打一次电话。拨打的是他的号码，接听的总会是妈妈。

因为他连摁手机的力气都没有了。

我问他："吃饭了吗？"

他觉得很烦，他一天要重复着回答许多人这个问题。

可我只剩下这种最简单的问候了。

我问他："还难受吗？"

他说："嗯。"

声音小到我听不见，他就会在电话那头用力嘶吼。

我分外心酸。

最后一次，等我再打电话给他的时候，他都没力气说话了。

妈妈哽咽着说："你说吧，爸爸他听得见。"

我说："爸，你要好好的啊。"

15

2016年1月16日凌晨5点，他彻底地告别了这个世界。

姐姐发来的短信只有四个字：爸爸没了。我坐车到了路口，疯了似的跑回去。

时间定格住他的体温。我紧紧握着他冰冷的手，年仅四十一岁的他，终于再也不用遭受癌症的痛楚，可以安稳地睡一个好觉了。

老爸，我想你了。

不要问我哭了没有……

故事与你，梦想与我

一 诺

吸血鬼伊莱亚

高考结束后我整天宅在家里打游戏、看动漫，白天睡觉晚上熬夜黑白颠倒，大门不出二门不迈。这样的生活持续了一个星期，我妈实在是看不下去了，恐吓我说要是我再不出门就把我发配边疆。

我当然不信了，养了十多年的闺女她会舍得？就算是只小猫小狗也该有感情了吧！于是我乐此不疲地继续这种疯狂生活。

然而我可能小看我妈了，第八天，我就被她华丽的一脚踢出门了。

我和吸血鬼伊莱亚正被一大批邪恶的女巫追杀，最后没办法只有躲到一条很长很黑很阴森的大隧道里。伊莱亚问我："你害怕吗？"他握着我的手，用深邃的目光在看着我。我摇摇头："只要有你在，我什么都不怕！"突然"哗啦"一声巨响，隧道顶部裂开了，接着就是一道强烈的光照了进来。

我睁开眼，伊莱亚消失了，取而代之的是那个残酷无情的吸血鬼尼克劳斯！哦不，我揉揉眼睛才发现那是我妈！

老妈站在我床边，她那张大脸差点儿把我吓死。半天回过神来才记起伊莱亚，于是我对老妈各种撒泼打滚怪她打扰我跟我的吸血鬼偶像约会。

"你梦见啥了？"

"我和伊莱亚被一群女巫追杀！"

"快谢谢我，是我救了你们，啊哈哈……"

我边抹泪边让老妈还我的伊莱亚，耍赖着不肯起床。

"让你少看点儿《初代吸血鬼》你不听，这下好了吧！"老妈边说边鼓捣我衣柜里的衣服。

听说姑姑的咖啡店缺人手，让我过去帮帮忙，然后，然后她就把我打扮成一个打工妹模样。把我送到姑姑家，这样她耳根子也就清净了。我遇人就抱怨，这还是我亲妈吗？

原来伊莱亚真的存在

一进店我就被雷得外焦里嫩，这哪里只是来帮帮忙，分明就是做苦力来了嘛！店里的人都忙碌着，擦地板擦桌子擦落地窗，活像一群小丫鬟。我看一眼就打了退堂鼓，虽然咖啡店里的环境不错。

"妈，你看你闺女我也是有几分姿色的，万一被客人调戏了那可就惨了！"

"就你这汉子模样谁敢调戏？鬼见了都得让你三分。"被我妈这么狠狠一击，"哐当"，玻璃心碎了一地。

"既然来了就过来帮忙吧，现在正缺人手。"我觅声望去，一个脸色有些苍白的大男孩儿从厨房里走出来。他擦干手上的水，递给我一套工作服。"你是黎深深吧？你姑姑晚上才能回来，有什么问题问我就好了。"

这不是伊莱亚吗！我差点儿冲上去抱住他，问问他早上为什么丢下我。不过我还是故作镇静，思考良久，最终理智战胜了冲动这个魔鬼。

假装矜持地接过工作服，我娇羞地问："伊莱亚，请问换衣间在哪儿？"男孩儿微笑着告诉我，然后转身到吧台调咖啡去了。

这男孩儿长得跟伊莱亚有那么一点点像，嗯，也是颗暖暖的大太阳。老妈看我这花痴样也是醉了，噢，她一定是觉得我走火入魔了。

我把老妈推到玻璃门外，大喊一声"去吧，皮卡丘！"老妈头也不回地打发将去了。把老妈打发走了，我开始忙活起来，我才不告诉你是因为伊莱亚我才留下来的呢！但是我跟伊莱亚相处似乎没那么顺利，一开始就让他出了糗。

"小黎，你去打盆水把地板擦一下吧。""好咧！"于是，我打了满满一盆水，踉踉跄跄地抬到吧台前。

"哗，啪嗒！"你知道发生了什么吗？不知道是哪个粗心大意的小姑娘擦地没擦干净，我不小心滑了一下，然后连盆带水一起泼了出去！好在姐姐我平衡感尚佳，依旧保持优美的站立姿势。此时我特别想潇洒地说一句，"泼出去的水，姐连盆都不要！"哦，重点不是这个，我们切入正题。

伊莱亚闻声赶来，又一个不小心踩到我洒在地板上的水。"啊！"结果可想而知，某人正躺在地板上，四脚朝天。那画面太美我不敢看，但我敢保证我真的不是故意的！完了！伊莱亚一定觉得我是个笨手笨脚的小丫头了。

"唉，以后你还是帮我打打下手吧，我看着你也能放心一点儿，不然这个店迟早得被你砸了。"伊莱亚爬起来，说着走进了换衣间。

幸福来得太突然，因祸得福吗？我是该说我幸运呢，还是幸运呢？

除了摔倒事件，第一天我们相安无事，一直等到姑姑回来。

"顾乔，深深就交给你了，以后你帮我多教教她，让她多学点儿知识。"姑姑像是在交代一件重要的大事一样，没错，我感觉她在把我的终身托付给这个像伊莱亚的男孩儿——顾乔。

"姑姑，我妈不是说让我来帮帮忙就好了吗？我可不想学那么多，脑袋装不下会炸掉的！"

"让你学你就学呗，那么多废话干吗！"老妈不知什么时候已经走进店里，大概是来接我回家的。

"好吧好吧，看在姑姑的面上我就多学点儿，大学毕业要是找不到工作我就来店里打工，哈哈，我太聪明了！"

姑姑和蔼地笑着，苍白的日光灯下，感觉她苍老了许多。一个月不见，姑姑的头发好像白了不少。

回家的路上我叽叽喳喳地跟老妈说顾乔，说他的糗事，说他的善良，最重要的是他长得像伊莱亚！可老妈连看都不看我一眼，一路上沉默不语。

他 的 故 事

顾乔一开始就教我认识各种咖啡。我在咖啡单上看到一款"猫屎咖啡"，捏捏鼻子问："哇，这种'猫屎咖啡'是什么东西？这么贵？"

"麝香猫吃下成熟的咖啡果实，经过消化系统排出体外，所以猫屎咖啡就是由麝香猫的粪便加工成的。由于经过胃里的发酵，产出的咖啡别有一番滋味。"顾乔一本正经地说道。

我突然觉得胃里翻江倒海："以前我就听过这款咖啡，原来真的是猫屎做的！唉，现在的人真是的，连这么恶心的东西也拿来'享受'！"

"这可不是大街上随便抓一只小野猫来就能生产的东西，它是印尼椰子猫的排泄物。世界上这么稀有的东西，当然贵了！"

我不敢再听下去了，我怀疑多听一句以后我就再也不会喝咖啡了，管它"猫屎咖啡""狗屎咖啡"有多贵呢！打开电脑，播放我最爱的《老男孩》。

"梦想总是遥不可及，是不是应该放弃。花开花落又是雨季，春天啊你在哪里？"

顾乔听得入神，擦拭杯子的手悬在空中，眼泪流了出来。我被吓坏了，连忙换了一首烂大街的《小苹果》。

大概是在这种环境优美的咖啡厅里放这首广场舞曲太煞风景了，客人们都不约而同地望向我，我不好意思地做了个抱歉的手势，又换了一曲轻音乐。

顾乔苦笑了两声，说道："你姑姑说你的梦想是当一个作家，怎么样，有兴趣听听我的故事吗？"

我怕顾乔说着说着就失声痛哭起来，到时候别人还以为是我怎么他了，但还是鬼使神差地点了点头："师傅你说，我听着呢！"

"小时候爸爸妈妈很早就离开我们了，我和妹妹与奶奶相依为命。家里经济条件本来就不好，再加上奶奶身体差，我不得不挑起所有的重担。"

顾乔沉默了一会儿，喝了一杯加冰的柠檬水。我遇到过很多人，他们在说起过去的时候都喜欢抽烟，讲完故事后开始抱怨，好像世界欠他们的一样，而顾乔没有。

顾乔的妹妹三岁时生了一场大病，家里又没有钱治，刚好一对有钱的城里夫妻想收养一个孩子，并且答应会把妹妹治好。所以奶奶把妹妹送给了那家人。

顾乔哭得撕心裂肺，他追着渐行渐远的吉普车，但是因为年龄太小，他追不上。泥泞的山路，顾乔跌坐在地上，手擦破了皮，而他只能看着妹妹消失在雨里。那一刻，他无比讨厌奶奶。

"那现在你还恨你奶奶吗？你的妹妹找到了吗？"

"现在不恨了吧，毕竟那时候家里是真的困难，如果妹妹在我们身边就会死去。奶奶临终前嘱咐我，一定要找到妹妹。"

顾乔的声音哽咽着，我仔细看了看，除了他脸上的皮肤是白皙的，手上还是有很厚的茧。

我开始厌恶这个世界的不公，顾乔明明只比我大三岁，可他却要承受比我多好几倍的责任。这样的生活，使他饱经沧桑。值得庆幸的是，他没有倒下，而是一如既往地用微笑来面对所有。

世界以痛吻我，我要回报以歌。

你说梦想重不重要

"除了找到你的妹妹，你有别的梦想吗？"我把调好的咖啡端给客人，走回吧台后问他。

"你等一等。"顾乔跑到储物柜，好像在找什么东西。不一会儿他拿着一把老旧的木吉他走出来。"我喜欢音乐，但是因为要存钱当经费去找妹妹，我没有太多时间来经营梦想。在我眼中，家人比梦想更重要。"

> 三月的烟雨飘摇的南方
> 你坐在你空空的米店
> 你一手拿着苹果一手拿着命运
> 在寻找你自己的香
> 窗外的人们匆匆忙忙
> 把眼光丢在潮湿的路上
> 你的舞步划过空空的房间
> 时光就变成了烟

妹妹，你可感到明天已经来临

码头上停着我们的船

我会洗干净头发爬上桅杆

撑起我们葡萄枝嫩叶般的家

顾乔弹唱着《米店》，他把歌词改过了，比原唱唱得还有感情。

客人们情不自禁地送给他雷鸣般的掌声，顾乔问我："你说梦想重不重要？"

我想回答"当然重要了"，但到了嘴边的话又咽了下去。顾乔和我不一样，我可以无忧无虑自由自在地去追寻梦想，但他不能，他被生活羁绊着，就像一只受伤的鸟儿，想高飞却不得不停下来舔舐自己鲜血淋漓的翅膀。

"为什么不一边唱歌，一边寻找妹妹呢？"

"我想给她一个安稳的家，不希望她跟着我风餐露宿，过着黯淡无光的生活。"

我没有说话，嘿，顾乔，其实我想说只要有梦想，就一定会有阳光。

我和顾乔相处得很愉快。他会在空闲时间教我磨豆子，调咖啡，偶尔也会教我弹吉他，引得很多女生投来嫉妒的目光。顾乔很优秀，很多女生来"时光吧"也是因为他。

顾乔最拿手的咖啡是"卡布奇诺"，我说你给我调一杯吧，让我尝尝你最拿手的咖啡到底有多棒。每一次他都拒绝了，他说要等到调到最好的那天，再送给一个特别的人。我骂他小气，然后坐到三号桌旁边，偷偷地听客人讲故事。

该说三个月的时光过得真快，还是该说和顾乔相处的时光过得真快？收到大学的录取通知书，我也该收拾行李，开始新的生活了。

姑姑舍不得我走，像个孩子一样拉着我："以后放假一定要来店里帮忙。"

我挽着姑姑的手："好啦，我答应你，以后每个假期都来。"

老妈也在一旁附和："你从小就这么疼深深，她要不来她好意思吗？"

姑姑突然哭了，我不知所措。"哎哟，姑姑，以后又不是见不到了，干吗弄得跟生死离别似的。"哄了好久才把姑姑哄好，我坐上了去另一座城市的火车。

顾乔曾经问过我喜欢什么样的生活。

我啊，喜欢居无定所的生活，就像三毛一样。小时候看三毛的文章，就觉得她好洒脱，撒哈拉沙漠、拉芭玛岛，还有好多地方，遇到好多人。三毛小时候就想当个拾荒者，却被老师说胸无大志，可是就是这样一个胸无大志的女子，走过了那么多地方，她在完成我的梦。

当我说完这些的时候，顾乔很认真地看着我："黎深深，其实你也可以当个拾荒者的。真的，你看，现在的人们越来越有钱，好多能用的东西都丢掉了，你去拾来洗一洗，说不定还能发家致富！"

我无语半天："师傅，不如你带着我一起去拾荒吧！"

在火车上想起这些，我突然笑出了声，原来一个人在你身边久了，当他突然离开时，你看到的周围的每一个人，都是他。

顾乔还问过我："还会回来吗？"

"当然，等你愿意给我调卡布奇诺的时候。"

我有故事和好酒

是我先食言了，放假后我并没有回到姑姑的"时光吧"，也没有去喝顾乔调给我的咖啡，因为有一只愿意陪我一起高飞的鸟儿，他邀请我一起去我梦想中的地方。

我听到姑姑离开的消息是在我大二的时候。

原来姑姑早就被查出患了癌症，知道我喜欢听故事，想把"时光吧"送给我，让我每天可以从客人那里听到不一样的故事，这样，我就可以完成我的作家梦了。

我赶回"时光吧"，顾乔依旧坐在吧台。"你终于回来了。"他说，"我试了一百次，终于得到我想要的味道了。这杯独一无二的卡布奇诺，送给你。"

我缓缓接过咖啡，眼泪掉到白色的泡沫里，泡沫瞬间融成一个白色的小球。

　　"别哭，别让咖啡变了味。"顾乔轻轻拭去我的眼泪。我端起咖啡杯抿了一口。

　　咖啡入口时有点儿甜，却不发腻。等到香味都散去了，只留下一丝苦涩。

　　顾乔说，这杯咖啡就是他的感受。他问我："我有故事和好酒，你跟不跟我走？"

　　我像个小偷一样落荒而逃，最后怎么回家的都不知道，我想顾乔可能是在他的卡布奇诺里加了酒精，不然我怎么会像喝醉了一样，脑海里浮现的都是关于他的记忆？

　　愿意跟我一起高飞的鸟儿倦了，他飞走了。顾乔也离开时光吧，去找他的妹妹了。毕业后我回到了姑姑留给我的咖啡厅，放下一切认真经营她的心血，认真地写故事。这几年我也飞得很累，我需要一个温暖的地方，风吹不到，听着不同的人的故事，就好像我也在经历一样。

　　一个女孩儿给我讲了一个故事。她的故事是什么样的我不记得了，因为她说完最后一句话，我的脑子一片空白。

　　她说，卡布奇诺的含义是，我爱你。

　　顾不得地板冰凉，我跳下沙发光着脚丫，打开电脑：当有人愿意给你调一杯卡布奇诺时，如果你也喜欢他，你就给他做一块提拉米苏。

卡布奇诺的含义是：我爱你。而提拉米苏是：带我走。

我精心配制一款提拉米苏，尝试了一百次，失败了一百次。

最后等我配制成功时，顾乔也没有出现过。而我再也没有机会说出那句，这块提拉米苏的味道，就是我的感受。